*Mystery* **49**

*Mystery* **49**

# 神聖魔法
# 核心修練

## 神祕學大師喚醒自然能量的威卡經典

WICCA：A Guide for The Solitary Practitioner

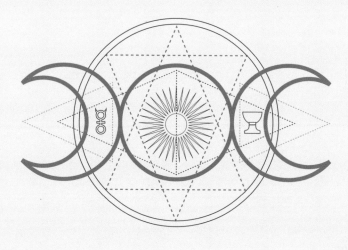

史考特·康寧罕（Scott Cunningham）一著

張家瑞一譯

**Mystery 49**

# 神聖魔法核心修練
## 神祕學大師喚醒自然能量的威卡經典

原書書名　WICCA：A Guide for The Solitary Practitioner

原書作者　史考特・康寧罕（Scott Cunningham）
譯　　者　張家瑞
封面設計　林淑慧、玉堂
主　　編　劉信宏
總 編 輯　林許文二

出　　版　柿子文化事業有限公司
地　　址　11677 臺北市羅斯福路五段 158 號 2 樓
業務專線　（02）89314903#15
讀者專線　（02）89314903#9
傳　　真　（02）29319207
郵撥帳號　19822651 柿子文化事業有限公司
投稿信箱　editor@persimmonbooks.com.tw
服務信箱　service@persimmonbooks.com.tw

業務行政　鄭淑娟、陳顯中

初版一刷　2020 年 5 月
二版一刷　2023 年 9 月
定　　價　新臺幣 480 元
Ｉ Ｓ Ｂ Ｎ　978-626-7198-74-2

Printed in Taiwan 版權所有，翻印必究（如有缺頁或破損，請寄回更換）
歡迎走進柿子文化網 http://www.persimmonbooks.com.tw
臉書搜尋 60 秒看新世界
～柿子在秋天火紅 文化在書中成熟～

國家圖書館出版品預行編目 (CIP) 資料

神聖魔法核心修練：神祕學大師喚醒自然能量的威卡經典 / 史考
特 . 康寧罕 (Scott Cunningham) 著；張家瑞譯 .
-- 二版 . -- 臺北市：柿子文化，2023.09
　面；　公分 . -- (Mystery；49)
譯自：Wicca：a guide for the solitary practitioner
ISBN 978-626-7198-74-2( 平裝 )

1.CST: 巫術

295　　　　　　　　　　　　　　　　　　　　112012993

本書獻給那些關照與守護我們的力量——
無論我們怎麼想像或稱呼祂們

魔力推薦

我一直將威卡視為古老薩滿文化由近代西方所延伸出的新派系統，而在許多觀念基礎上，史考特·康寧罕以鼓勵探索和創新，賦予 Wiccans 更為屬於自我個人的意義，讓這些做法從內部產生。

在書中他多次陳述，僅僅因為某人做某事，並不意味著它適用於所有人，我們所有人都需要找出自己的道路，這是 Wicca 的目的，這同時也是來自古老薩滿與萬物神靈間學習相互合作的觀念，對於喜歡威卡魔法但不了解真正含義的初學者來說，透過這本書，你將能得到很有系統的觀念與知識。

——Aarti Borjigin ／臉書「ESPpop Holistic Healing Solutions」版主

這本有趣的 Wicca 書適合任何想了解魔法基本語言、使用工具，以及應用實踐的自修者。但願你可以透過本書，建立起和自然界的親密關係，並獲得一種令自己歡樂的能力。一旦我們可以碰觸到這種內在的歡樂力量，就能找到信仰的源頭，這應該也是 Wicca 一直流傳至今，並不斷創造智者的神秘影響力吧！

——上官昭儀／療癒科學教育家

作者在書中整合了他加入巫團並且保持獨修精神的歷程，每一個字句都是經驗與智慧的累積。在他等身的著作之中，這本書被認為是非常重要的操作手冊，教導人們如何連結上古老的力量，透過對於礦物／植物／神靈以及各種大自然造物的理解，創造自己的儀式，連結母神與父神的愛。

在求學時期，這本書就是我的巫術學習教科書之一，我的導師協助我透過這本獨修操作手冊練習與大自然對話，與內在的神性對話，最後與神靈對話。在操作儀式逾二十載的時光裡，每當我產生疑惑時就會翻看此書，重新提醒自己什麼是 Wicca，什麼是 Witch。

對我而言，Witch 是與神靈同在的人（Goddess and Gods With in.），意思是女神與男神活在他們的靈魂之中。而 Wicca 則是以這種觀念為主的生活概念，聆聽內在與大自然的聲音，並且與自然的力量規律一起過生活。

希望此書協助更多願意與大自然力量生活的人，成為自己的巫師，與大自然同存。

—— 思逸 Seer／「荒人巫思手抄」格主

西洋魔法領域強調淵源與文化傳承，威卡魔法雖然相對而言是新的系統，這個連結仍然不變，甚至更深廣，因而特別需要從原文著作裡了解脈絡。對國人來說，最好的媒介就是一本好的原文著作的中譯書籍，而今又是第一本這樣的書籍誕生了。

由於威卡的專有名詞性質，對於其中定義和領域都要詳細說明，不像魔法是籠統的，今後就可透過這本專門書籍來對此有明確的認識和了解。而透過對威卡的淵源和定義，對於西洋魔法傳統和演變可更加認識，書中更沒有忽略最基本的魔法理論和實際操作，工具、用途、儀式方法都涵蓋在其中，也能從中對於西洋魔法有概括的認識。

書中尤其著重於魔法的精神以及靈性層面的呼應，了解威卡強調心靈溝通和能量互動，充滿樸素自然的調性，由此讓世人對這些領域有正確的認知，有助於體悟西洋魔法、進入威卡的世界。

—— 星宿老師 Farris Lin／占星協會會長，《塔羅攻略》作者

非常推薦史考特‧康寧罕的《神聖魔法核心修練》，這是學習魔法的入

門好書,所有人都能透過簡單的儀式與練習,重新憶起自己的天賦,連結內在力量,和自然元素與神聖存有一同工作,透過能量流動所帶來的變化,讓人生趨於和諧自在。

魔法無所不在,自然就是我們的聖殿。讓我們帶著虔敬的心,回歸純粹的初衷,循著康寧罕的文字脈絡,建立個人專屬的魔法體驗,我們都是充滿力量與歡樂自信的「威卡」!

——孫正欣 / Alisa 的豐饒角主持人、能量工作者、塔羅系統課教師與作家

「It is the dream of every enlightened being that every human being and every other creature live in a consecrated space.」

這是印度瑜伽大師 Sadhguru 的智慧話語,「每個人與其他生物都生活在一個神聖的空間,是每位開悟者的夢想」,而威卡魔法連結了人與大自然,透過儀式,創造出一個又一個神聖空間。

身為寶石礦物收藏者及設計者,我了解水晶礦物是魔法能量的媒介之一,男女神祇各有代表的圖騰、符號、植物、動物和礦物,我們透過儀式和祭壇,奉獻食物、鮮花和礦物,點燃蠟燭召喚古老的神靈,吟唱頌詞咒語,在冥想中聯結至高無上的力量。

什麼是天時?順應節氣的傳統節日是天時;什麼是地利?儀式中開啟神聖空間是地利;什麼是人和?內心真實的謙卑臣服是人和。每一次的儀式都是奉獻,也是和自己內在的對話,爬梳自己和神祇的關係,理解自己對地球的責任。

神是愛,愛在,魔法就無所不在。

——愛寶石的烏鴉 /「美石主義」負責人

覺知就是力量,自然就是魔法。

我喜歡活得自由自在,從小對探索神秘與未知感興趣,相信看不見的力

量，而後一步一步帶領我走向靈性的療癒與整合提升的道路至今，卻直到這本書，我才對威卡教有真正的認識，而且發現與我所接觸過的神秘學、芳香療法、能量治療、占星、薩滿等這些環繞著大自然的靈性教導都很親近。

為何如此？因為大自然即是愛的化身，是神聖能量的顯現。本質上，就像無論中西方所有古老的智慧與靈性教導，都是以自然為核心，旨在師法自然之道，學習與萬物連結，目的是找回一種在浩瀚無垠的世界中的存在感與歸屬感，也在這個感受大自然的過程中回歸自然。

在這樣的理解下，甚至讓我深感自己在靈性療癒這個領域浸淫多年，其實都是在學習與執行很類似的「魔法」。因為所謂的魔法，是為了創造自然和諧的一種能量運動。儘管能量或魔法無法被頭腦或邏輯捕捉理解，實際上卻不過是在講求將心靈層次的覺知了悟實現，並應用在生命與日常生活中，是在運用個人與天地力量，來創造更多美好的和諧。這樣的姿態，本身來自對於大自然萬物的深刻體察與了解。無論是在學習或執行的過程，無時無刻都需要敞開心靈去體會，而不是力量的操弄扭曲濫用，就像療癒或其他任何工具技法，背後的能量和理由不是功利的算計，只能是愛。

所以書中字裡行間處處可以感受到作者流露出的愛也就不奇怪了，這是入門工具書中難得出現的底蘊，也因此這本書為讀者建立了對於威卡這個來自西方的自然信仰的正確理解，能指引各個學習階段的讀者，讀起來也讓人觸類旁通，同時覺得很能去把這樣的知識運用在生活中。也就是說，突然間，魔法變得不再高深莫測或隱晦，而是很清晰平實，同時貼近人們內心回歸自然與靈性世界的真實嚮往。這書本身就是一個有魔法力量感的作品。

於是我們可以在這樣放心自在的狀態下回應自己內在的自然召喚，歡欣地去與象徵著神聖與愛的大自然交流與合一，得到屬於自己的神秘恩典。沒有教條的狹隘與僵化，而是從此以後更能貼近、了解與愛護大自然，也如此去愛護自己。這就是真正的力量。

——羅美華 Willow Mystic ／直覺能量療癒工作者與心靈奧秘教導傳承者

蘭姆是個血統純正的麻瓜。

即便如此，蘭姆還是可以輕易感受到，大自然裡，隱隱流動的各種力量。

風與鳥，水與魚，樹與獸，土與蟲，不論何時、何處，都有許多聲音在對我們說話。而威卡魔法，就是利用話語、音樂、舞蹈、手勢、氣味、色彩、光影等儀式，沉澱我們的心靈，強化我們的意念，讓我們能聽到隱默的聲音，從而與自然的力量連結對話，讓無形的力量化做有形，在我們的生活中產生實質的影響力。

很高興看到柿子文化繼《魔藥學》之後，又為我們帶來另一部史考特‧康寧罕的傑作。這次，康寧罕非常詳實地介紹了各種魔法工具及儀式的施作方法，包括所有原民文化及古老宗教儀式不可或缺的音樂吟唱與舞蹈，以及各種有趣的魔法手勢──這和印度古老佛像呈現的各種手印，有著異曲同工之妙。

不論是初入門的麻瓜，還是浸淫已久的魔法師，這本書都是非常實用的資訊寶庫。

──蘭姆／臉書粉絲團「蘭姆的星野森林這一家」版主

God sleeps in the rock,
dreams in the plant,
moves in the animal,
and awakens in the human being.

神在岩石裡睡著，
在植物中夢著，
在動物裡移動，
而在人類裡醒來。

# 目錄 Contents

# 序言

　　本書是我十六年來實作經驗與研究的成果，它是一本概述基本威卡理論與實踐的參考書。當我在寫作時，心裡想的是自修者或信奉者，因此本書並未觸及巫師集會儀式或魔法團體的動態。

　　本書所描述的威卡教是「新的」，目的並不在於揭露已傳承數千年的古老儀式，但這無損於威卡魔法的效用，因為它所根據的是經得起時間考驗的實踐方法。

　　已有三千年歷史的馬納（manna）咒語，不見得比私人儀式中即興創作的咒語更具威力或效用。咒語的成功與否，取決於儀式或咒語的施做者。

　　假如流傳百年的古老咒語對你來說，不過是沒意義的胡言亂語，那麼儀式的結果就會像日本的神道（Shinto）儀典落入循道教徒（Methodist）之手那樣，絲毫不起作用。**假如希望儀式有效，你必須和儀式對話。**

　　有些人認為儀式是威卡教的重心，有些人則認為，儀式是威卡哲學和生活方式的美妙附屬品。就像每一種宗教一樣，儀式在威卡教裡是接觸上天的工具，有效的儀式能夠使敬神者與神祇合而為一，無效的儀式會扼殺性靈。

　　是的，本書中是有些儀式，但那些僅是指導原則，並不是聖經。我把它們寫下來，是為了給讀者做為一般性的指南，因為它們可以自行創造。

　　也許有些人會說：「但那只是你的東西，我們想要真正的威卡魔法！把秘密告訴我們！」

　　**永遠沒有所謂「純正」、「真正」或「原汁原味」的威卡魔法。沒有中**央管理機構，沒有實際上的領導人，沒有天下公認的先知或信使。

當然，還是有特定形式和組織的威卡教存在，但是它們彼此間在儀式、符號和體系上並不一致。由於威卡教中存在著這種健全的個人主義，所以並沒有任何企圖併吞其他體系的學說系統出現。

威卡魔法多彩多姿、風情萬種。就像每一種宗教一樣，威卡教的心靈體驗，是每個人自己與神祇的分享。本書所提供的，只是依據我的個人經驗和我所接受過的指導去奉行威卡教的一個方法。

雖然我將它寫了出來，但也不是平空捏造。琢磨翡翠的寶石匠並不會生出寶石，陶工也不會生出黏土。我嘗試將威卡教的幾大主題和儀式結構混合後呈現出來，並不去創造新的種類，而是要呈現一個能夠讓他人發展出自己的威卡魔法範本。

以前在我開始學習威卡魔法時，市面上相關的書籍並不多，當然也沒有公開發行的《影子之書》[1]。

威卡儀式和魔法文字，仍保留在許多威卡的傳統祕密中，而且直到最近，也沒有任何的體制曾「公諸於世」。基於這個事實，鮮少威卡教徒會寫書記敘威卡教的儀式與核心學說。那些寫文章描述威卡魔法（或稱做巫術）的教外人士，想必也只是斷章取義或拼拼湊湊。

然而，在我將威卡魔法介紹給世人的幾年內，許多正牌的資訊性書籍開始陸續問世了。我做個人的獨立研究，也從師學習，在持續研究的期間我領悟到，對於嘗試學習和信奉威卡魔法的任何人來說，假如出版品是他們的唯一資源，那麼很可惜，他們只能得到偏頗的描述。

大部分的作者會吹捧自己所信奉的威卡魔法，這我可以理解：你只會寫你所知道的。遺憾的是，許多一流的威卡魔法作者所分享的都是類似的觀點，所以大多數出版的威卡魔法資訊都重複了。

還有，大部分的這些書籍是適合巫師集會的威卡魔法。這對於找不到至

---

1　請見詞彙表 (P238)。

少四、五個同好成為一團的人來說，會是個問題。對於喜歡自己一個人進行宗教儀式的人來說，也是個負擔。

我寫這本書的真正理由（除了諸多的請求之外）也許十分私人。一般的威卡魔法書內容穩重且結構嚴謹，讓我不僅想呈現另一種風貌的魔法書，也是因為我在這個現代宗教上受過訓練，所以想做些回饋。

雖然我偶爾教學，而且威卡魔法總是能吸引一大群人，但我比較喜歡用中庸的印刷字體來指出我所學過的一些東西。儘管沒有什麼能夠取代一對一的教學，但對於所有渴望學習的人來說，那種方法並非總是切合實際。

所以在好幾年前，我開始隨手寫筆記和做重要記事，最後成就了這本書。為了避免流於偏狹（塞比爾‧李克〔Sybil Leek〕曾說，寫自己的宗教是件危險的事──你和它太親近了），我請威卡教的朋友過目初稿並給予意見，以確保本書對於威卡魔法的描述不會太狹隘或武斷。

請不要誤會，雖然這本書的目的是對威卡魔法有更充分的了解和欣賞，但我不像大多數的威卡教徒那樣要大家改變信仰。我並不想試圖改變你的心靈和宗教信仰，那不關我的事。

不過，除了對非傳統宗教有著持續的興趣、關心環境破壞問題，和對威卡教抱持濃厚的興趣，我還希望本書有部分能解答到我最常被問到的問題之一：「什麼是威卡？」

# 用詞備註

◆

　　人們對於現存「威卡」（Wicca）一詞所代表的正確（和原始）意義有許多歧見。我並不想探討這個議題或做擴充性的討論，但是我覺得，假如我要使用這個詞彙，就需要界定它的意義。

　　所以，本書裡所使用的「威卡」，是用來描述該宗教本身（這是組織鬆散的非基督教，重點集中在崇敬自然的創造力，通常以女神和男神為象徵），以及男女信徒。

　　「術士」（Warlock）一詞雖然有時候用於描述男信徒，但實際上威卡教徒自己從不使用，因此我在本書中也會避免。雖然有時候「威卡」和「巫師」（Witch）幾乎是可以互換的，但我還是喜歡老式、不累贅的「威卡」，所以我幾乎只用這一詞。

# 引言

　　「巫師」的宗教「威卡」，長期以來一直被蒙上一層神秘的面紗。對於學習「巫術」有興趣的任何人，都只能從書籍和文章中的線索來滿足自己，畢竟威卡教徒並不多透露什麼，也不會尋找新的成員。

　　今天，有愈來愈多的人對於傳統的宗教結構感到不滿，很多人都在尋找一個傾向私人性質的宗教，同時頌揚物質與心靈現實的宗教，而且這樣的宗教將與神祇調和及施展魔法結合在一起。

　　威卡教就是這樣的宗教，以崇敬被奉為神祇的自然為核心。它自古建立的精神根基、接受魔法和神秘的本質，使它具有獨特的魅力。然而，缺乏威卡教的公開資訊及其明顯的獨有性，一直讓有志學習者感到極為挫折，直到最近。

　　威卡教不會主動尋找新成員，這對於想學習其儀式和魔法的來人說，一直是一大阻礙。威卡教不徵求會員，因為它不像大部分的西方宗教，會宣稱自己是接觸神祇的唯一方法。

　　有興趣奉行威卡教的人愈來愈多，也許是時候讓初現光芒的寶瓶時代（Aquarian Age）在各方面大放異彩了。這麼做並不是為了大力宣傳威卡教是地球的救星，而只是想把它呈現給任何想學習的人。

　　但前方仍有重重阻礙。在過去，進入威卡教的唯一方法是（1）接觸一個已入會的威卡教徒，通常是巫師集會成員；和（2）接受入會儀式。如果你不認識任何巫師，只能說運氣太差，因為入會儀式絕對是必要的前提。

　　如今，時代正在改變，我們一直在成長，但也許成長得太快，我們的科

技已超越運用它的智慧。全球許多地方處於動盪不安的局面，戰爭的威脅隱伏在幾十億人口生存的大部分地方。

做為一個宗教，威卡教也正在改變，這是必要的——假如不只是對古代懷有一種好奇心的話。如果想為未來的世代留下些什麼，威卡教的傳承會必須堅定地指出這個宗教未來的道路。

我們都知道，我們已經處於災難可能隨時終結地球時，所以崇敬自然的威卡教，此刻比任何時候都更需要將更多的東西留給後人。

本書打破了許多威卡教的慣例，它的結構設計讓世界上的任何人、在任何地方，都可以奉行威卡教，而且不需要任何任入會儀式。本書是設計給自修者使用的，因為找到志同道合的人很困難，尤其是在偏鄉地方。

威卡教是一種歡樂的信仰，源自於我們與自然的親密關係，它與神祇和創造萬物的宇宙能量融為一體，它是個人對生命的正面頌揚。

現在，每一個人都可以接觸到它！

# Section I
# 理論

# 1
# 威卡與薩滿

薩滿教（Shamanism）被界定為世界上第一個宗教，它的存在早於最早的文明，遠在我們祖先走向今日、從悠遠的旅途踏出第一步之前。在此之前，薩滿巫師是一群醫療者、權力的運用者，男性和女性都有，他們施展魔法，並且向自然的神靈傳達願望。

薩滿巫師是第一批具備知識的人類，他們創造、發現、培養知識，並且運用它。知識就是力量，在遙遠的時代裡，擁有它的男女就叫做薩滿巫師。

那麼，薩滿巫師是怎麼獲得或發現這種力量的？其實是經由出神狀態（ecstasy）——另類意識狀態，在這個狀態下，他們得以和宇宙的支配力溝通。早期的薩滿巫師，首先透過像是禁食、口渴、自我體罰、攝取致幻物質、專注等「工具」，來取得這種狀態。一旦熟練之後，這些技巧能夠讓他們取得對另一個非物質世界的體悟。

所有的魔法知識，就是透過這樣的「意識轉換」（awareness shifts）而來，藉由與神靈和神祇、動物和植物的商議討論，開啟了學習的新局面。薩滿巫師常常向自己人分享這種知識，但保留其餘的僅供自己使用。也就是說，薩滿學問並不向大眾開放。

後來，為了使意識轉換更容易，薩滿巫師又精進了對工具的使用，而促成魔法儀式的出現。全世界的薩滿巫師至今仍在使用鼓、波浪鼓、反射物件、音樂、吟誦和舞蹈等工具。的確，最有效的薩滿儀式是同時使用自然與人工工具——蕭颯的風、狂暴的海洋、閃爍的火光、節奏穩定的擊鼓聲、響尾蛇的嘶嘶聲。這些與黑暗和吟誦結合，最後會壓過感官知覺，迫使對物質世界的認知意識轉換到更廣闊的能量領域裡，這就是存續至今的薩滿儀式。

所有的魔法和宗教，都源自於從這些遠古的發端，包括威卡教。儘管目前對於威卡教的「古早」有所爭議，但是它的精神確實是從這樣的儀式裡流傳下來的。雖然威卡教為了這個世界而淬煉和改變過，但它仍然能夠觸及我們的靈魂，並且引發出神狀態（意識轉換），使我們與神祇合而為一。也就是說，威卡教的許多技巧，原本都來自於薩滿。

因此，威卡教可以說是一種薩滿宗教。而由於帶有薩滿主義的色彩，所以只有少數的嚴選之人才會起心動念想進入它的光環之中。

時至今日，威卡教已經拋卻了痛苦折磨的手段，而採用以吟誦、冥想、專注、觀想、音樂、舞蹈、召請和打鼓為主的致幻方式。藉由這些精神上的工具，威卡教達到了類似於大多數野蠻的薩滿，以折磨方式所得到的另類意識狀態。

我在此故意使用「另類意識狀態」一詞，因為這種意識狀態的改變並非不自然，而是偏離了「正常」的清醒意識。**威卡教主張，自然界包含了許許多多的心智和精神狀態，而它們大部分都被我們忽略。有效的威卡儀式，能讓我們不知不覺地進入那樣的狀態裡，然後得以與神祇溝通和交流。**

與一些宗教不同的是，威卡教並不認為神祇距離我們很遙遠，男神和女神都存在於我們的內在，而且顯現於所有的天性之中。這就是放諸四海皆準的規則：**沒有什麼不在神的範圍之中。**

一項薩滿研究揭露了一般的魔法和宗教經驗的大部分重心，尤其是威卡教。薩滿教或威卡教以儀式做為進入儀式意識的工具，進而不斷擴張他們的知識，而知識就是力量。威卡教幫助其信奉者去了解宇宙，以及我們在宇宙中的地位。

現在的威卡教內存在著許多差異，因為它是一種經由個人結構的系統，所以我只能針對它的教義和組織做概括性的說明，並且透過我的經驗和知識，來創造關於威卡教本質的藍圖。

威卡教和其他許多宗教一樣，將神祇視為雙性的。它崇敬女神，也崇敬男神，祂們的地位相等，祂們熱情、博愛，離我們並不遙遠，也不居住在「天堂」，而是無所不在的遍及全宇宙。

威卡教也教導信眾，物質世界是許多現實的其中一個。物質世界並不是至高的表現，靈性世界也不比底層的物質世界更「純淨」，物質與靈性之間的唯一差異是，前者較稠密。

如同東方宗教一樣，威卡教也接受輪迴轉世這個被許多人誤解的概念。然而，不像某些東方的哲學，威卡教不會教你，一旦軀體死亡後，我們的靈魂就會化身為任何除了人體以外的東西。還有，鮮少威卡教徒相信，在我們演化到能夠化身為人形之前，我們剛開始是以石頭、樹、蛇或鳥的形式存在，雖然這些生物和物質確實是具有某種類型的靈魂，但那與人類所擁有的靈魂並不相同。

在東方和西方，輪迴轉世被數百萬、數千萬人接受為事實。它解答了許多疑問：人死後會怎樣？為什麼我們似乎記得在這輩子從沒做過的事？為什麼我們有時很離奇地會被從未見過的地方或人吸引住？當然，輪迴無法解答所有的這些疑問，但它就在那兒，留待有興趣的人去研究。這不是應不應該相信的問題，透過沉思、冥想和自我分析，許多人逐漸接受了輪迴轉世的說法，而關於這個主題的更多資訊，請見第九章「重生螺旋」。

**威卡教對道德的觀念很簡單：做你想做的，只要不傷害到任何人。這個規則包含了另一個沒寫出來的情況：不要做會傷害你自己的事。**所以，假如你是威卡教徒，但是你虐待自己的身體、否定它是生命的必要性，或是傷害了自己，那麼你就違反了這個原則。

這不只是關於生存的問題，這個原則是要確保，你能在良好的狀況下，承擔維護世界和讓我們的世界更好的責任，因為關懷和愛我們的地球，在威卡教中扮演了主要的角色。

威卡教是一個會運用魔法的宗教，這是它最有魅力和最獨到的特色之一。宗教魔法？它並不像看上去那麼神奇。天主教的教士用「魔法」將一片麵包變成過世已久的「救世主」的軀體；祈禱（許多宗教裡常見的工具）不過就是專注地與神祇溝通的一種形式。如果專注可以擴大延續，能量就能夠隨著（最後使祈禱成真）思想而送出去。**祈禱是宗教魔法的一種形式。**

魔法是將自然能量移動到所需改變的效果上的操作。在威卡教裡，魔法被用來當做淨化儀式區域、改善自我和我們所居住的世界的工具。

　　許多人把威卡教和魔法混淆在一起，好像這兩個詞可以互換似的。事實上，威卡教是接受魔法的宗教，如果你只是想施做魔法，威卡教也許並不適合你。

　　另一個重點是：**魔法並不是迫使自然供你隨心所欲的工具。**相信魔法是超自然的，好像有任何東西能夠存在於自然之外似的，這種觀念大錯特錯。**魔法是自然的，它是為了創造所需變化的一種和諧能量運動。**假如你想要施做魔法，就必須拋開它是超乎正常或超自然的所有想法。

　　大部分的威卡教徒都不相信宿命。雖然我們崇敬神祇、敬畏神祇，但我們知道，我們擁有自由的靈魂，能夠全然掌握自己的生命，和對自己的生命負責。我們不能指著邪神的肖象，例如撒旦，把我們的錯誤和弱點歸咎於他。我們不能歸咎於命運，每一天的每一秒，我們都在創造自己的未來，塑造我們生命的路線。

　　一旦威卡教徒承擔了自己所做所為（在此世及前世）的全部責任，並且下定決心，未來的行為將與較高的理想和目標一致，那麼魔法才能大放異彩，生活也才會幸福快樂。

　　那也許就是威卡教的核心——與大自然的歡欣結合。大地是神聖能量的顯現，威卡教的神殿裡有花朵點綴的草地、森林、海灘和沙漠。當一個威卡教徒在戶外時，她／他的四周都是神聖的事物，就像基督徒走進一間禮拜堂或大教堂一樣。

　　此外，一切的自然都不斷地向我們歌唱，揭露她的秘密。威卡教徒們傾聽大地，他們不會將她竭力試圖教導我們的事情拒於門外。當我們與受神祝福的大地失去聯繫時，我們同時也與神祇失去了聯繫。

　　這些是威卡教基本原理的其中一部分，它們是真正的威卡精神，儀式和神話只不過是用來頌揚這些觀念的次要形式。

　　第三部分裡的《巨石陣影子之書》（儀式書），是用來組織你自己的儀式指南。因為這些儀式只是外在形式，所以你不需要受到儀式的束縛，當你

心情不好時，甚至可以改變儀式，只要儀式能夠維持你和神祇的和諧關係，一切都沒問題。

　　不要為了靈性或魔法領域而將物質世界拒於門外，因為唯有透過自然，我們才能體驗到這些現實。我們生活在地球上一定有個理由，不過，一定要用儀式來擴展你的覺察力，這樣你才能真正地與萬物合而為一。

　　道路就在眼前，遠古的神祇就在你的內在和周圍等待。願祂們以智慧和力量祝福你。

# 2
## 神祇

所有宗教的基本結構都是崇敬神祇的，威卡教也不例外。威卡教承認至高的上天力量，它是不可知的、最偉大的，整個宇宙由此而生。

這個力量的概念遠超乎我們的理解力，由於我們難以與它產生聯繫，因此它在威卡教中幾乎已經失傳。然而，威卡教徒透過他們的神祇來與這個強大的力量連結在一起。依據自然的法則，至高的力量被擬人化成兩種基本象徵：女神和男神。

每一個在地球上受到崇拜的神明，都以男神或女神的原型存在。世界上許多地方為諸神所建立的各種神廟，基本上只分為兩大類：每一個女神住在有女神概念的神廟裡，每一個男神住在有男神概念的神廟裡。

威卡教崇敬兩種性別的神祇，因為這與自然有所連結。由於大多時候（不是全部）自然界有性別之分，所以象徵自然的神祇也這麼被想像著。

在過去，當女神和男神就像月亮和太陽一樣真實時，膜拜與崇敬的儀式是沒有組織的——出乎自然，歡欣地與上天結合在一起。後來，儀式跟隨太陽在天文年（所以有四季）裡移動的路徑和月亮每月的盈虧而舉行。

今日，威卡教仍然奉行類似的儀式，而且由於他們的定期舉辦，所以創造出與神祇及其背後力量的一個真實魔法緊密度。

幸運的是，我們不需要等到舉行儀式時才能夠感受到神祇降臨。光禿禿的大地上百花齊放的景象，就能注入堪與最強大的正式儀式匹敵的感覺。生活在大自然裡的每一時刻就是一場儀式，威卡教徒很喜歡與動植物和樹木溝通，他們能夠感覺到石頭和沙子裡的能量，並且讓化石訴說它們自己旅程的開始。對於有些威卡教徒來說，每天觀察太陽和月亮升起、落下，本身就是一種儀式，因為日月的起落便是神祇在天堂裡的狀況象徵。

因為**威卡教認為神祇是在自然中固有的，所以許多人都與生態環境息息相關——用我們的雙手來挽救地球，別讓它被破壞殆盡。**女神與男神至今仍然存在，就如祂們一直存在一樣，而為了頌揚祂們，我們也要頌揚並保護珍貴的地球。

　　在威卡教的思想中，在我們靈性上的祖先承認神祇存在之前，祂們並不存在。然而，祂們背後的能量卻是存在的，是那些能量創造了我們，而早期的敬神者將那些力量視為神祇，並且為了了解它們而將它們擬人化。

　　在歐洲，當古代的非基督教開始轉為基督教時，舊教仍然未死絕。雖然大部分的儀式已失傳，但它們並非唯一有效的儀式，威卡教依然健在，而且神祇也會回應我們的請求和召喚。

　　在想像神祇時，許多威卡教徒將祂們看做源自古宗教的知名諸神。狩獵女神黛安娜、牧神潘、愛神伊西絲、使神荷米斯、月神希娜、太陽神塔木茲、黑夜女神赫卡蒂、女戰神伊絲塔、麥神凱麗德溫、智慧之神圖特、多羅菩薩、光明女神阿拉蒂雅、狩獵女神阿緹密絲、火山女神佩蕾、太陽神阿波羅、海神卡納羅亞、愛爾蘭女神布麗姬、太陽神赫里歐斯、凱爾特神布蘭、凱爾特太陽神魯格、天后希拉、眾神之母希柏莉、聖女伊南娜、半人半神毛伊、水神伊亞、女戰神雅典娜、農神羅諾、眾神之王馬杜克……一長串的名單，列也列不完，這些神祇裡，許多以其自身之歷史、儀式和神話資訊，充實了威卡教徒對神祇的概念。

　　有些人很喜歡把那些名字和頭銜與神祇扯上關係，因為他們不會去崇敬沒有名字的神祇。但有些人則認為，沒有名字和頭銜，反而有一種不受束縛的舒坦。

　　一如之前所說，本書中所概論的威卡教是「新的」（儘管是建立在既有的儀式和神話上），牢牢地紮根在最早的、由在我們內心自然喚起的宗教情感裡。在這些儀式中，我用的是「男神」、「女神」等詞，而不是如「黛安娜」和「潘」等具體的名字。所以，特別鍾情於特定神祇的人，在採用第三部分《巨石陣影子之書》裡的儀式時，可以自由地納入祂們。

　　如果你還沒有研究過非西方的多元化宗教，或者除了你生來熟悉的神明以外，還沒有培養出和其他神明的密切關係，那麼你可以從接受這個前提開始（只要一下子）：神祇是兩種性別的，女神和男神。

人們給過祂們太多名字，多到無法勝數，以至於後來祂們就被叫做神。祂們從外表上看來就是我們所期望的樣子，因為祂們都是人類所崇拜過的神。無論女神或男神，都擁有無上的權力，因為祂們是一切可見和不可見的萬物的創造者。我們能夠與祂們接觸和溝通，是因為我們的一部分存在於祂們的內在，而祂們的一部分也存在於我們的內在。

女神和男神是平等的，沒有誰比誰更重要或更值得尊敬。雖然有些威卡教徒的儀式對象著重於女神，似乎完全忘記了男神，但這是受到父權制宗教壓抑了好幾個世紀而遺忘女性神祇的反應。

然而，完全建立在女性能量的基礎上的宗教，就像完全著重於男性宗教那樣的不平衡和不自然。**理想上的宗教要在兩性間取得平衡，女神與男神是平等、互補的。**

# 女神

女神是宇宙的母親，她是富饒的源頭，有無盡的智慧和溫情的關懷。正如威卡教對她的了解，**她往往有三個面向：少女、母親、老嫗，分別以月盈、月圓和月虧為象徵。**她是未犁耕過的田野，也是豐收、休眠和覆滿霜雪的大地。她賜予萬物富饒，雖然生命是她的贈禮，但是她把生命借給萬物時，還附帶著死亡的承諾。死亡並不是黑暗或遺忘，而是肉體在辛勞之後所得到的休息，它存在於人類的每個輪迴轉世之間。

由於**女神就是自然，是所有的自然，因此她既是美姬，也是老嫗；既是暴風雨，也是清新春雨；既是搖籃，也是墳墓。**

儘管她具有兩種性質，威卡教仍因繁殖力、愛和富饒而尊崇她，儘管他們也承認她的黑暗面。我們在月亮裡、在默默流動不息的海洋裡，和在初春的綠芽中看見她。她是繁殖力和愛的化身。

女神被稱為天后、創造諸神的諸神之母、上天的源頭、宇宙的子宮、偉大之母等諸如此類的無數頭銜。

威卡教使用許多符號來尊崇她，在此略舉數例，如大釜、聖杯、雙頭斧、五瓣花、鏡子、項鍊、貝殼、珍珠、銀、翡翠等。

由於她統治大地、海洋和月亮，所以她的創造物種類繁多，像是兔子、熊、貓頭鷹、貓、狗、蝙蝠、鵝、牛、海豚、獅子、馬、鷦鷯、蠍子、蜘蛛和蜜蜂等，一切都是女神的神聖創造物。

女神被描述成與她的獵犬一起奔跑的女獵人；跨過天際時，群星從她腳下灑落的曼妙天仙；大腹便便的永恆母親；我們生死的編織者；在黯淡月光下獨行、顯露出虛弱與孤獨的老嫗，以及其他許多形象等等。但是無論我們怎麼想像她，她都是無所不在的、不變的、永恆的。

# 男神

千秋萬載以來，男神一直受到尊崇，他既不是基督教和猶太教中肅穆、萬能的神祇，也不是女神的配偶。不管男神或女神，都是平等的，兩者一體。

我們在太陽中看見男神，白天他在我們的頭頂閃耀發光，每天日升、日落地無止盡循環，支配著我們的生活。沒有太陽，我們就無法生存，因此，它被尊崇為一切生命的源頭，在嚴冬的寒雪過後，用溫暖來誘發休眠中的種籽發芽生長，和催促綠色鋪滿大地。

男神也是野獸的照料者。人類偶然看到頭上長角的男神，稱其為角神，象徵著他與野獸溝通的能力。在早期，狩獵被認為是男神司掌的活動之一，而馴養動物則被視為女神的範疇。

男神的領域包括未被人類觸及的森林、酷熱的沙漠和高聳入雲的山巔。星辰，因為它們是遠處的太陽，有時被認為是在男神的掌管之下。

植物長綠葉、果子成熟和收成的每年循環，長久以來被認為與太陽有關，因此歐洲各種與太陽有關的節日（在第八章「力量日」裡有進一步的討論）仍受到威卡教的奉行。男神是十分熟成的莊稼、從葡萄裡榨出來的醉人美酒、在曠野中隨風搖曳的金黃色穀粒，以及十月午後從翠綠的枝頭上垂下來、外皮金光閃耀的蘋果。

有女神的相伴，男神也主持和司管男女之事。威卡教並不避談性事，或只敢低聲談論它，它是自然的一部分，因此也自然地被接受。由於它帶來歡樂，將我們的意識從日常世界中轉移開來，並且使我們的種族綿延不絕，所以它被認為是神聖的。男神使勁地為人類灌輸衝動，以確保種族的延續。

常被用來描繪或崇拜男神的符號包括劍、角、矛、燭、黃金、黃銅、鑽石、棍棒、箭、魔法棒、三叉戟和刀……等。獻祭給男神的動物包括公牛、狗、蛇、魚、雄鹿、龍、狼、公豬、鷹、隼、鯊魚、蜥蜴……等。

## 與神祇達成和諧關係

在過去，男神是上天之父，女神是大地之母。上天之父，同時也是雷、雨之父，從天而降與女神結合，在陸地上撒下了種籽，慶祝他帶來了富庶。

今日，威卡教的神祇仍與繁殖力有著密不可分的關係，而且人類生存的每一方面都與男神和女神有所關連。祂們可受到召喚，來幫助我們重整人生的浮沉盛衰，並為我們在精神上感到孤單的生活帶來歡樂。

不過，這不表示當問題發生時，我們應該把問題留給神明去處理，因為這是一種推委的行為，是逃避處理人生道路上的障礙的態度。而**身為威卡教徒，我們可以召喚神祇來淨化我們的心靈，並協助我們自助，而魔法是實現這個目標的絕妙工具**。在與神祇調和後，威卡教徒通常會在緊接著舉行的魔法儀式中請求協助。

　　除此之外，神祇還能夠幫助我們改變生活。由於神祇是宇宙的創造力（並非只是象徵），所以我們可以召喚祂們來為儀式授權、為魔法賜福。這與大部分的宗教來說恰好相反，每一個信奉者的手中都握有權力，而不是由一位特定的祭司來為大眾執行這些項目，這就是威卡教令人在生活上真正感到滿足的原因，我們與神祇之間有直接的聯繫，不需要媒介，也不需要祭司、神父或巫師。**我們自己就是巫師。**

　　為了和神祇培養出和諧的關係（對於想實行威卡魔法的人來說是必要條件），可以遵守以下幾個簡單的規則。

　　在可以看到月亮的夜晚，面向它，站或坐著都可以。如果看不到月亮，就靠自己想像出一個你所見過最圓的月亮，在你的頭頂、就在你面前，高掛在如墨般黝黑的天空裡，綻放著銀白色的光芒。

　　去感受照耀在你肌膚上的柔軟月光，感覺它觸及你的能量，並且和你的能量揉和在一起，混合起來，然後形成新的能量。

　　看著你的女神（以任何你想要的形式呈現），召喚她，如果你想的話，也可以唸著她古時候的名字：黛安娜、露西娜、瑟雷娜（英文發音分別是：Dee-AH-nah、Loo-CHEE-nah、Say-LEE-nah）。敞開你的心胸，留意顯現於月光中的女神能量。

　　每天重複一次，持續一週，最好在每晚相同的時間。

　　在做這個練習的同時，也要與男神調和。早上一起床時，無論已經多晚了，都要站在太陽的前方（必要時可以透過窗戶），然後沉浸在它的能量裡。腦子裡想著男神，依你所願地觀想。他也許是肌肉發達的偉大戰士，一隻手舉著矛，另一隻手懷抱著孩子，或一把掛著露珠的葡萄。

　　你也可以唸著男神的名字，如克努諾斯、奧西里斯、阿波羅（英文發音分別是：Care-NOON-nos、Oh-SIGH-ris、AH-PALL-low）等，就跟唸女神名字時一樣。

　　如果你不想觀想男神（因為可能有一些限制），只要與來自太陽的能量

相互調和就可以了。即使天空佈滿了雲，男神的能量仍然能夠觸及你，所以請用盡你一切的魔法想像力來感受那些能量吧（參見第十一章「練習與魔法技巧」）。

除了男神之外，別讓任何想法擾亂你的思緒，把你的感覺向外延伸出去，把意識開放給更高階的東西。用任何話來召喚男神，表達出你想與他調和的渴望。

每天做這個練習，持續一週。如果你想探索關於男神和女神的概念，可以閱讀世界上任何國家的神話，並且找出那些神話背後的基礎理論。你讀得愈多，你手上可以運用的資訊也愈多，最後那些資訊會合併成一個沒有組織、但極複雜的神祇知識庫。換句話說，你將開始了解神祇。

經過七天之後，假如你有需要（或渴望），可以繼續這些練習，直到你覺得自己對神祇感到自在、適應。祂們一直在我們的內在和四周，我們只需要採取開放的態度去接受這層意識。這就是威卡教的秘密之一——神祇自在我心。

在你探索諸神時，多花些時間在樹下散步，研究花草植物，造訪野外、自然之處，並且感受直接來自神祇的能量——透過溪水的奔流、老橡樹樹幹的能量脈動、被太陽曬過的石頭上的溫熱。透過實際接觸這類力量來源，讓自己更容易熟悉神祇的存在。

當你達到這個境界後，接下來，你也許想為神祇設立一個暫時或永久的神壇或祭壇。我們所需要的不過是一張小桌子、兩根蠟燭、一只香爐、一個盛裝鮮花、水果、穀物、種籽、酒或牛奶等供品的盤子或碗。把兩根蠟燭放到神壇後方的供盤裡。左邊的蠟燭代表女神，右邊的代表男神，通常以顏色來做區分，男神使用紅色蠟燭，為了讚頌女神，特別給女神使用綠色蠟燭。這與威卡教和自然之間的關係搭配得很好，因為綠色和紅色是與生死相關的古代魔法顏色。也可以使用其他顏色——以黃色或金黃色來讚頌男神，以白色或銀色來讚頌女神。

把香爐放在兩根蠟燭的前面和中間位置（見下圖），並且放在供盤或供碗的後方。可以多放一瓶鮮花，也可以再放些代表個人力量的物品，如水晶、化石和乾燥的藥草。

神壇擺設

召喚諸神的簡單儀式，就從你手上捧著一樣供品站在神壇前開始。點燃蠟燭和香爐，將供品放到供盤或供碗裡，然後口中唸著類似以下的頌詞：

> 月亮、不止息的海洋和翠綠大地的女神
>
> 太陽和曠野生物的統治者
>
> 請接受我誠心獻上的供品
>
> 請賜予我看見祢們存在於萬物之中的智慧
>
> 噢，偉大的諸神

接著，站或坐著幾分鐘，默想神祇以及你和祂們之間日益成長的關係，感覺祂們就在你的內在與四周。之後熄滅燭火（用你的手指、滅燭蓋或刀刃；要知道，吹熄蠟燭是輕蔑火元素[2]的行為）。讓香爐自己燒完，然後恢復你的日常生活。

---

2　參見詞彙表 (P241)。

如果你想要的話，每天可以在指定的時間到神壇前一次。雖然這個時間可以是剛起床時、臨睡前或午餐後。點燃蠟燭，與神祇溝通調和。這一點不是必要的，但是由這樣的循環所製造出來的穩定節奏很有幫助，能夠促進你和神祇的關係。

每天結束時或當你帶了更多要獻祭的供品時，就將原本放在神壇上的供品歸返大地。

如果你無法設立一個固定的神壇，就等你覺得有需要時再設立，事後把物品收好，把在神壇上擺設供品當做儀式的一部分來進行。

簡單的儀式掩飾了它本有的力量，因為神祇是真實的，是可行的事實，具有足以創造宇宙的威力。與神祇調和能夠永久地改變我們，也能夠為地球以及為我們在地球上的持續生存激發出新希望。

如果這種儀式對你來說太形式化，你可以有所改變，或是寫出你自己的儀式。這就是本書的基本要旨：你可以有你自己的做法，不要因為我已經把方法都寫好了，就只會依照我的方法去做。

**我的腳絕不可能適合每個人在沙灘上留下的腳印；在威卡教裡，不會只有一個真理和一種做法。**那種想法屬於一神論的宗教，而那些宗教大部分已變成充滿政治和商業氣息的機構。


# 與神共創美好世界

發現威卡教的神祇，是一場永無止盡的體驗。祂們不斷地在揭露自己的存在，如薩滿巫師所說的──「多留意」。大自然正在向我們唱出祂們的秘密，女神不斷地揭開自己的面紗，男神則以靈感和啟示照亮我們的生命，我們只是沒注意到而已。

如果有人知道你正在和一個活了兩萬年的女神取得調和，別擔心他們怎

麼想。別人對於你的宗教的感覺和想法，和你一點關係也沒有。如果你覺得有需要對別人遮掩自己的經驗，做就是了，但不要出自於恐懼或不好意思，而是因為**我們都在各自的道路上**，並非每一個人都適合威卡教。

有人說我們（以及不奉行他們的儀式或接受他們的理論的任何人）在崇拜撒旦。但事實上，我們不是不知道它，而是根據這些專家的說法，撒旦太過狡猾到令人難以產生崇拜之心。

那種人無法相信，除了自己的宗教以外，還可能有任何宗教是有意義、能實現個人抱負，和對信徒真誠。所以他們說，假如我們崇拜其他男神和女神，就等於我們否定了所有的善，並且崇拜一切負面和邪惡的化身，也就是撒旦。

威卡教徒的思想才沒有那麼封閉。假定自己的宗教是接觸神的唯一方法，這也許是人類最嚴重的虛榮，那樣的信仰曾經招致了無數的流血殺戮，並且引起可怕的聖戰思想。

這個錯誤觀念的基礎，似乎是一個清新、純粹、正面的神──萬物合一的神祇。假如這個神祇是一切善的總和，崇拜者相信，那麼必定有一個同等的負面神，也就是撒旦。

威卡教不接受這樣的觀念。**我們承認女神和男神的黑暗面，就像承認祂們有光明面一樣。一切的自然都包含著相反的事物，而像這樣的負面，也存在於我們的內心。**最黑暗和最光明的人類特性，都被鎖在我們的潛意識裡，唯有我們將能力提升到毀滅性的衝動之上，把這樣的能量疏通到正面的想法和行動中，才能使我們遠離大屠殺和反社會人格。

是的，神祇也有黑暗面，但那不會嚇跑我們。看看祂們力量彰顯的一些例子，洶湧的洪水帶來肥沃的土壤，然後土壤中長出茂盛的植物。死亡為生者帶來對生命的更深度評價，也為跨越此生者提供一個暫時的停留處。「**善**」**與**「**惡**」**在本質上往往是相同的，就看你採取什麼樣的觀點。**此外，每一分邪惡，最後都會產生某種的善。

任何以及所有的宗教對其奉行者來說，都是真誠而實在的，絕不可能有一種宗教、先知或救世主，能夠滿足地球上所有的數十億人口。我們每個人都必須找出與神祇調和的理想方式，而對於有些人來說，答案就是威卡教。

威卡教徒強調神祇的光明面，因為祂們給予我們一個目標去成長和進步到存在的最高境界。當我們的生命中出現死亡、毀滅、傷害、痛苦和危險時（這些都是必然的），我們可以求助於神祇，並且知道這也是祂們的一部分。我們不需要將生命中的這些自然層面歸咎於惡魔，然後召喚純潔的神明來擊退他們。

一個人在真正了解女神和男神的過程中，也會漸漸了解生命，因為這兩者是緊緊纏繞在一起的。徹底地過好你的俗世生活，但也要試著去看看你各種活動的靈性層面。記住──物質與靈性正是彼此的反映。

我在課堂上常常聽到這樣的問題：

「生命的意義是什麼？」

問的人也許帶著笑容問得輕鬆，但假如這個問題得到答案，它也許就是我們能夠用來滿足任何人的那個答案。這是每一個宗教和哲學體系一直在竭力解答的問題。

其實，透過簡單的生活技巧和觀察生命，任何人都能夠找出答案。儘管兩個人不會得到同樣的答案，但他們可以一起找出來。

女神和男神皆屬於大自然，兩者都既可愛又邪惡，我們不會就那樣的特性來崇拜自然，有些威卡教徒也許、甚至不會說他們崇敬女神和男神。我們不向神祇伏拜，我們要和祂們共事，一同創造出一個更好的世界。

這就是威卡教之所以是一個真正的參與式宗教的原因。

# 3
## 魔法

巫師會使用魔法，這在一般大眾思想中已經成為常識。他們也許誤導了關於施法類型的概念，不過在大眾思想中，巫師與魔法是密不可分的。

威卡教，如我們所見，是一個接受魔法為其基本概念的宗教，但這並非不尋常。事實上，在任何的信仰中，我們很難找出宗教與魔法的分界點。

魔法仍然在威卡教中扮演著特殊的角色，它能改善我們的生活，並且將能量返還給遭受蹂躪劫掠的星球。威卡教徒也透過魔法和神祇培養出特殊的關係，所以不表示每一次的施咒都是祈禱式，也不表示召請等於是不同名稱的施咒。藉著與神祇所象徵的力量共同合作，我們能夠慢慢地接近祂們。在施咒和舉行儀式時，呼喚祂們的名字並觀想祂們的降臨，便能在神祇和人類之間創造出結合力。因此，在威卡教中，魔法是一種宗教行為。

之前我就在我的書裡為魔法下了好幾次的定義。令人意外的是，這是一個相當艱難的任務。我最後、最精確的定義是：

魔法是用來製造所需效果的自然能量的投射。

## 魔法的能量來源

這種能量有三大主要來源——個人力量、大地力量和神聖力量。

## 個人力量

個人力量是支持我們在大地上生存的生命力量，為我們的身體提供動力。我們從月亮、太陽還有水和食物中吸收能量，在移動、運動、行房和分娩時釋放能量。即使是呼氣，也會釋出一些力量，雖然我們透過吸氣就能補償回來。

在施法時，我們喚醒個人力量，灌輸它一個特定的目標，釋放它，然後引導它朝向目標而行。

## 大地力量

大地力量是存在於星球之內及其自然產物之內的力量。石頭、樹、風、火焰、水、水晶和氣味，都具有可用於魔法儀式中的獨特力量。

威卡教徒也許會將一顆水晶放到鹽水裡來淨化它，然後按壓在病痛者的身上，好將癒療的能量傳送到患者身體裡；或者，可以將藥草撒在蠟燭周圍，讓燃燒的蠟燭能夠製造特殊的魔法效果；也可以在身體上擦些精油，以達成體內變化的目的。

## 神聖力量

神聖力量是個人力量和大地力量的展現。這是存在於女神和男神體內的能量——生命力量，是創造萬物存在的宇宙力量的來源。

威卡教徒會祈求神祇用力量庇護他們的魔法。在儀式中，也許會將個人力量引導向神祇，請求滿足他們的特定需求。這是一種真正的宗教魔法。

所以，魔法是一種過程，威卡教徒在這個過程裡，與被想像成神祇的宇宙之力的來源、以及個人力量和大地能量協調合作，以促進我們的生活，並為大地提供更多的能量。**魔法是人們用來掌控自己人生的一種方法，在這個方法中，人們除了自主的命運，不受任何宿命的安排。**

與大眾信念相反的是，魔法並不是超自然現象。實際上，它是一種沾染了不可勝數的秘密、謠言和錯誤資訊的神秘儀式（不為人所知），但它也是一種運用了在科學上尚未發現或標記的真實力量的自然儀式。

這並不會讓魔法失效。即使是科學家，也不會宣稱知道宇宙中的所有事情，假如有人會如此宣告，那科學研究的領域就不存在了。

因此，威卡教徒所運用的力量最後會被記錄下來，然後失去它們的神秘色彩。這樣的事情已經有一部分因催眠術和心理學而發生，也許很快就會發生在超感官知覺上。此外，磁力是一種根深柢固的既有魔法，直到它被科學「發現」，但即使時至今日，磁鐵仍用於施咒和施法，因為這類力量能夠喚起陌生而古老的感覺。

不妨拿兩顆磁鐵來玩，觀察那像是超自然力量般、看不見的排斥力和吸引力。

魔法就像是這樣，雖然它看起來完全不科學，完全沒有事實根據，但它會依照自己的規則和邏輯運作，不能因為它沒被完全了解，就說它不存在。魔法在引發所需變化的呈現時，是相當有效的。

這不是自我欺騙，正確施展的魔法會有效，再多的辯解也改變不了這個事實。

我要敘述一個典型的蠟燭儀式，我會把自己當做範例。假設我需要支付一百元的電話費帳單，但是沒有錢，所以我的魔法目標：支付帳單的工具。

我決定利用儀式來幫助我專注和觀想（參見第十一章「練習與魔法技巧」）。首先清點我的魔法裝備，我有綠色蠟燭、廣藿香精油、一批招財草、羊皮紙和綠墨水。

我在祭壇上點燃代表女神和男神的蠟燭，同時默默地召喚祂們降臨。接著，我點燃木炭，並撒上肉桂和鼠尾草，當做祝禱魔法成功的焚香。

我在紙上畫出電話費帳單，清楚的標出數字。在畫畫的同時，我觀想那張紙不只是一張紙，它本身就是帳單。

然後我在帳單的四周畫出一個正方型，象徵我能掌控它，然後在它中間畫一個大「X」，有效地註銷了它的存在（當付清費用時就會發生）。

接著開始觀想那個帳單被付清。

我也許會把這點寫在紙上，讓它看起來像是被打印上這些字一樣。我觀想自己檢視帳本，看到餘額能夠支付帳單，並且自動開出支票。

再拿廣藿香精油抹在蠟燭上，從兩端到中央，口中唸著類似下列的話：

> 我召喚母神和父神的力量
> 我召喚土、風、火和水的力量
> 我召喚太陽、月亮和星星
> 為我帶來支付這個帳單的資金

我一邊觀想，一邊把蠟燭放到畫有帳單上方的燭臺上。我在蠟燭的基部四周撒上藥草，宣告（和觀想）每一種藥草都把它的能量借助給我的目標：

> 鼠尾草，朱彼特之草，請將你的力量傳達給我的咒語
> 肉桂，太陽之草，請將你的力量傳達給我的咒語

完成之後仍然觀想著我的帳單被付清。我點燃蠟燭，當火焰照耀時，蠟燭會釋放出我設計到圖畫中的能量。

我讓蠟燭燃燒十至十五分鐘，或者更久，端視我維持觀想的能力而定。我看到蠟燭吸收了我置入圖畫中的能量，我看到藥草讓它們的能量流入蠟燭的火焰中，然後藥草、蠟燭、廣藿香精油和圖畫的結合能量（再加上我的個人力量）從火焰中傾瀉而出，將我的魔法目標導向實現。

當我已經沒什麼要做時，我拿掉圖畫，用蠟燭點燃它，把它拿在手上燒個幾秒鐘，然後丟到放在祭壇旁邊的小聖釜裡。

一切結束之後，我讓蠟燭自己燒完，知道這樣會使儀式發生效用。

在一、兩天內，也可能是一個禮拜，我不是收到意外（或遲來）之財，就是滿足了其他的財務義務，而使我不用支付這個帳單。

這是怎麼做到的？從我決定要施展魔法開始，我就在做了。想著它能夠使個人力量流動，透過整個過程——備齊物品、畫帳單、點蠟燭、觀想，然後召喚個人力量，並且把我的魔法需求注入到裡頭。在進行儀式時，我將這個力量釋放到蠟燭裡。在儀式的結尾燒掉圖畫時，最後的能量獲得釋放，開始產生效果，為我安排支付帳單的事情。

## 魔法的實現

我或許無法準確地告訴你魔法是怎麼做到的，只能告訴你它確實有效。但幸好我們不用知道這一點，我們所必須知道的，就是怎麼使它生效。

我不是電力學方面的專家，但我可以把烤麵包機的插頭插到牆上的插座裡，然後烤我的全麥麵包。同樣的道理，在魔法上，我們把「插頭」插到在周圍延展、交錯、迅速移動和穿透我們的能量裡。

施展魔法有很多方法，威卡教徒通常會選擇簡單、自然的形式，可是還是有人喜歡隆重的儀式，借用像是《所羅門之鑰》等經典魔法書中的範例。不過，施展魔法通常會牽涉到藥草、水晶和石頭；符號和顏色的使用；魔法手勢、音樂、聲音、舞蹈和催眠；靈魂出竅、冥想、沉思和觀想。

世界上差不多有幾千種魔法系統，即使是在威卡教裡。舉例來說，使用水晶、藥草或符號的現有魔法已經多到數不清，把它們結合起來，又可以產生更多的系統。

市面上已發行過許多概述魔法系統的書，在我之前出版的書裡，也已經討論過元素、水晶和藥草的力量。而本書所要探索的主題是符文魔法，我在此把它當做一個自足的魔法系統範例，也列舉出將它與其他系統結合時的注意事項。

成功地施展魔法，不見得一定要用到這樣的系統。如果只是運用藥草和

水晶等工具所做的魔法儀式，是沒有效果的，因為真正的魔法力量根植於我們內在——這是神祇的贈禮。

所以，無論用的是哪種魔法系統，必定要將需求注入到個人力量裡，然後釋放出來。在威卡魔法中，個人力量被認為是我們與女神和男神之間的直接聯繫。因此，魔法是一種宗教行為，威卡教徒透過這樣的行為與他們的神祇合而為一，以促進自我，並創造一個更好的世界。

魔法是一種正向的行為，這一點很重要。**威卡教徒不施展破壞性、操弄性或剝削性的魔法**。因為他們認定，在魔法中的有效力量最終來自於神祇，負面操作是絕對禁止的。「邪惡」的魔法對他們、對人類、對地球、對神祇和對宇宙本身來說，是一種侮辱，後果是可想而知的。魔法的能量，本身就是生命的能量。

任何人都可以施做魔法——有沒有宗教的背景都可以。如果你在施咒時腦海裡突然跑出什麼話或手勢，務必要使用它。如果你無法找到一個適合自己喜好或符合自己需求的儀式，你就自己創造。你不需要用到三十個吟唱的持香者和十三個吟唱的女祭司，並為他們寫出優美的詩句或編舞。

如果沒什麼特殊狀況，你只要點根蠟燭，在它前面靜下來，然後專注於你的魔法需求。重點是，**相信你自己**。

假如你真的很渴望知道魔法的特性，就自己試試看！許多人害怕魔法，他們在傳統（非奉行者的）教導之下認為那是很危險的，但別害怕，過馬路也具有危險性，如果你能適當地做，你會很安全的。

當然，你得到答案的唯一方式就是跨越馬路。所以，如果你的魔法中充滿了愛，你不會遇到任何危險。

召喚神祇來保護你，並教導你魔法的秘密。請求石頭和植物顯示它們的力量，然後傾聽，盡可能地閱讀，拋開負面或干擾性的資訊。

從實做中學習，神祇會以你真正所需的一切來庇佑你。

*4*
工具

和大部分宗教一樣，威卡教也會為了儀式的目的而使用特定物品。這些工具透過我們的接觸或意圖，來向神祇祈求、驅走消極和負面，並且導引能量。

威卡教的某些工具（掃帚、大釜和魔杖）在當代的民間傳說和神話中，有穩固的地位。透過民間故事的普及性和迪士尼工作室的作品，幾乎所有人都知道大釜是用來煮魔藥的，而魔杖能夠點石成金。不過，大部分的民眾並不知道這些工具背後的魔法力量，和它們在威卡教裡的內在象徵。

為了練習威卡魔法，你或許至少要收集一些工具。你可以在古董店和回收店裡搜尋、以物易物、到跳蚤市場裡挖寶，或者向供應商郵購或網購所需要的神秘工具。雖然可能要費一點功夫，但你的儀式工具是值得花任何努力去取得的。

這些工具不一定會施用於威卡魔法，但它們象徵著複雜的能量，也確實能使儀式更充實豐富。而除了我們借出的能量，工具並不具備其他力量。

有些人說，我們應該使用魔法工具，直到我們不再需要為止，但只要你感覺自在合適，最好能使用它們。


## 掃帚（The Broom）

巫師會在魔法和儀式中使用掃帚，無論對女神或男神來說，這都是神聖的工具。掃帚並不是什麼新玩意兒，前哥倫布時期的墨西哥崇拜巫神特拉佐特奧托（Tlazelteotl），便被畫成騎著掃帚的裸女；中國人也崇拜掃帚女神，並會在雨季時祈求她帶來好天氣。

還有，也許是因為外形像陽具的關係，掃帚成為抵抗詛咒和邪惡魔法操弄者的威力工具。把掃帚橫跨著門檻放置，能阻止所有被送進屋內或傳送到居住者身上的詛咒。把掃帚放在枕頭下，會帶來愉快的夢，並守護睡眠者。

在歐洲，只要提到巫師就會想到掃帚，因為這兩者無論在宗教或民間思想中，都已沾染了魔法氣息，巫師被指控騎在掃帚柄上飛，而且被認為這是他們與「黑暗力量」同流合污的證明。相較於巫師所真正施作的癒療和愛情符咒，假使這種行為能夠實現，那麼在他們眼中，就真的是魔鬼的超自然力量了。當然，這樣的故事是由巫師迫害者[3] 創作的。

在今天，掃帚仍用於威卡教，威卡魔法有可能以魔法掃帚稍微做一下區域打掃（室內或室外），來為儀式揭幕。隨後設立祭壇，擺放工具，然後儀式便正式開始（參見第十三章「儀式設計」）。

這種打掃不只是物體上的清潔（事實上，掃帚的刷毛根本不需要碰觸到地面），掃地時，威卡教徒一邊觀想掃帚正在清理掉在人間所產生的靈障。區域淨化能使儀式進行得更為順利。

由於掃帚是一種淨化工具，所以它與水元素有所連結，也因此它被用於所有種類的水符咒裡，包括愛情和通靈。

許多巫師會蒐集掃帚，的確，那數不盡的種類和製作所用的舶來素材，使得這種蒐集成了一項有趣的嗜好。

假如你希望自己做魔法掃帚，你可以試試一個古老配方：梣樹長杖、樺木細枝和柳條捆繩。梣樹具有保護力，樺木是用來淨化的，而柳條則是用以對女神表示尊敬。

當然，任何喬木或灌木的樹枝都可以用來做掃帚（在砍樹枝時，要想著樹的犧牲，這樣的用詞可見於第三部分《巨石陣影子之書》的「藥草魔法書」中），也可以使用以松樹針葉做成的迷你掃帚。

在早期的美國奴隸婚禮，以及吉普賽人婚禮中，新人往往要在儀式裡跳

---

3　有些威卡信徒表示，「騎」在掃帚上沿路跳躍（像騎木馬一般），是為了促進土地的肥沃。因此我們相信，巫師騎掃帚飛越天際的故事只不過是通靈事件的無稽之談。

過掃帚柄，以隆重慶祝他們的結合。這樣的婚禮直到近代之前還很普遍，即使在今天的威卡教徒和非基督教徒的結手禮（handfasting）中，也常常包括了跳掃帚的習俗。

有很多關於掃帚的古老咒語。一般說來，掃帚是具有淨化力和保護力的工具，用來在儀式中清潔魔法區域，或橫跨放置於門檻、放在床底下、窗臺上或門上，以保護住家。

用於魔法的掃帚，就跟所有的魔法工具一樣，應該只用於這個目的。如果你決定買一把魔法掃帚，請試著找一個圓頭的，因為扁頭的看起來就是沒那麼有效[4]。

# 魔杖（Wand）

魔杖（另稱「權杖」）是原始的魔法工具之一，數千年來它一直被用於魔法和宗教儀式中。它是用來召請的工具，人們可以藉著詞語和舉起魔杖，來召喚神祇觀看儀式。有時候它也用於

導引能量、在地上畫出魔法符號或魔法圈，完全平衡在巫師的手掌或手臂上時，會指向危險處，甚至可以放到大釜裡攪拌。對於有些威卡教徒而言，魔杖代表著風元素，用來表示對男神的尊敬。

用於魔杖的傳統木材包括柳木、接骨木、橡木、蘋果木、桃木、榛木、櫻木……等。有些威卡教徒裁切的長度是從手肘彎曲處到食指指尖，但不一

---

4　更多掃帚的知識請參見《神奇的家庭》（Llewellyn, 1987）一書，第十三章的描述。

定要依照這個標準。任何有相當長度的直木條都可以使用，甚至是從五金行買來的木釘也很好用，我看過利用這些素材並經過精美雕畫的魔杖。

新時代意識（以及推銷術）讓魔杖再度引人注目，目前在市面上看得到許多以銀和水晶製成的玩意兒，琳瑯滿目，各種大小和價格都有。這些東西當然可以用在威卡儀式中，只不過木製魔杖有比較悠久的歷史。

別擔心一開始要怎麼找到適合的魔杖，就順其自然吧，我把甘草根當做魔杖使用了一陣子，效果很好。

你使用的任何棒子都會被注入能量和力量，但找一個感覺順手的，那才會好用。

# 香爐（Censer）

香爐是用來焚香的，它可以是天主教堂裡那種精雕細琢的金屬香爐，也可以是一個簡單的貝殼。在威卡儀式中，香爐是用來盛裝悶燒的香。

如果你找不到適合的香爐，就自己做一個。任何盛裝半滿的沙子或鹽巴的碗或杯子都可以。鹽巴或沙子會吸收來自炭或香的熱，並且防止碗爆裂。如果用的是香柱，可以插到鹽或沙子裡；如果用的是香塔，可以放在鹽或沙子的表面。

用於儀式和魔法中的香，本身就是一門藝術，當儀式或施咒中不需要用到特定的香時，不妨依照你自己的直覺和創造力，來決定怎麼混搭使用。

可以使用香柱、香塔或香塊，但大部分的威卡教徒偏好生香或香粉，這種類型的香必須放在可自燃的煤炭上燃燒，可從香燭供應商處購得，任何一種都適用。

在正式的魔法中，「幽靈」常被召喚現身於裊裊上升的煙裡，雖然這並不是威卡魔法的一部分，但有時確實可於錯綜盤繞的煙霧中看見神祇。

　　坐下來放慢呼吸，同時觀察煙霧，這可以是一種令人出神的行為，你也許會在不知不覺間進入另類意識狀態。

　　當在室內舉行時，沒有焚香的威卡儀式就不算完整。在戶外時，則常以篝火取代，或用香柱插在地上。所以，在舉行室內儀式時，香爐是一項重要的工具。

　　對於有些威卡教徒來說，香爐代表了風元素。放置香爐的位置，通常是祭壇上神像的前面（假如有的話）。

# 大釜（Cauldron）

　　大釜（另稱「聖釜」）是很典型的巫師工具，它是古代用來烹煮和燉製的容器，充滿了魔法傳統和神秘色彩。大釜是發生魔法轉換的地方，象徵著聖杯、神聖之泉和太初之海。

　　威卡教將大釜視為女神的象徵，所顯露的本質是陰柔與繁殖力。它也象徵著水元素、輪迴轉世、永生和靈感。關於關德溫（Cerridwen）[5] 大釜的凱爾特傳說，對於當代威卡教一直有著強烈的影響。

　　大釜往往是儀式的焦點，在春季儀式裡，有時會在其中注入新鮮的水和花朵；在冬季，也許會在大釜裡燃起火，以象徵從大釜（女神）中重獲陽光（男神）和溫暖。這與農耕神話有關，在那些傳說中，男神生於冬季，成年於夏季，然後在最後一次收成之後死亡（參見第八章「力量日」）。

---

5　在傳說中，關德溫代表巫婆，代表女神暗黑的一面。她具有預言能力，並且是地獄知識和靈感大鍋的守護者。

理想的大釜應該是鐵製的，放在三角架上，釜口小於釜身最寬處。現在要找到一個大釜可能不容易了，即使是小的，但經過徹底的搜尋之後，通常還是能發現某種樣式的大釜。少數郵購商店會有大釜，但不是常備商品，你可以問問那些店家。

大釜有很多種尺寸，從直徑幾吋到跨度三呎的巨無霸都有。我有一些蒐集，包括一個專門用於儀式的古董。

將水注入大釜內，然後盯著它漆黑的底部，可以當做顯像占卜（凝視占卜）的工具。也可以當做調製頗有惡名的威卡藥劑容器，但請牢記，用較大的大釜調製水藥時，需要大火和足夠的耐心。今日，大部分的威卡教徒已改用爐子和鍋子。

雖然不易取得大釜，但只要堅持不懈地找，它終會出現在你眼前。當然，向神祇請求也無妨。

# 巫刃（Magic Knife）

巫刃（或稱「儀式刀」、「魔法匕首」）的歷史很悠久，在威卡教裡，它不用於切割的目的，而是在舉行儀式和施咒時引導能量出現。它很少用於祈求或召喚神祇，因為它是一項指揮和操縱力量的工具，但我們比較傾向於用來向神祇祈求。

這種刀通常是黑色或深色柄的雙面鈍刃。當刀子在儀式（參見《巨石陣影子之書》）中用來引導能量時，這個力量的一小部分會被吸入刀柄裡（只有微微的量），之後可以再去引發這個力量。

在威卡儀式中所喚起的能量，有時會傳送到刀子裡以待後來使用。魔法劍及其名字的故事很常見於神話文獻中，那些劍不過就是大的巫刃。

有些威卡教徒會將魔法符號刻在他們的巫刃上，通常是從《所羅門之

鑰》學來的，但這並不是必要的。就像大部分的魔法工具一樣，刀子在經過觸碰和使用之後就會變得具有威力，但如果你還是很想要，可以在刀刃或刀柄上刻些字、符號或符文。威卡教有時候會使用劍，它擁有刀子所具備的一切特質，但基於它的尺寸，用於室內儀式時可能較不方便。

巫刃是一種引發變化的工具，由於它的這種象徵意義，所以人們常把它和火元素連結在一起。也由於它的外形類似陽具的特質，也使人們將它和男神做了連結。

## 白柄刀（White-Handled Knife）

相對於純粹供儀式使用的巫刃，白柄刀（有時叫做匕首）就只是實作上的工具刀。它用來切割魔杖或神聖藥草，或是把符號刻到蠟燭、木頭、黏土或蠟上，以及用來切割魔法中要使用的繩子。為了和巫刃有所區別，它通常是白色柄。

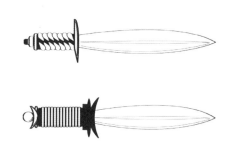

有些威卡教傳統規定，只能在魔法圈裡使用白柄刀。當然，這對於它的用處會有所限制。在我看來，將它用於儀式的目的（像是從花園裡剪下鮮花，置於儀式中的祭壇上），這一點已經證實了工具的神聖性，所以它是可以用於「神聖的空間」之外的。

## 水晶球（Crystal Sphere）

水晶在今日非常普遍，不過在古代，水晶球可是一種稀罕的魔法工具。

它的價格昂貴，售價在二十到數千美元之間，視尺寸而定。現在市面上的水晶球大部分都是玻璃、鉛玻璃，甚至是塑膠材質。從水晶球的高售價、內含物或不規則，可以辨別出真偽來。

長久以來，人們將水晶用於冥思占卜中。冥思者凝視著水晶球，直到心靈機能達到巔峰，然後影像出現在腦海裡，或被投射到水晶球深處，揭露出所需的資訊。

在威卡儀式中，水晶球有時被放在祭壇上，用來代表女神。它的形狀（球狀體），就像所有的圓圈和圓形一樣，是女神的象徵。而它的冰冷（判定晶體真偽的另一個方法）象徵著女神的領域——海洋深處。

同樣的，水晶也可以用來接收男神的訊息，或儲存在儀式中喚起的能量。有些威卡教徒藉著凝視水晶球，來召喚女神或往生者的影像。

這是與上天有所接觸的魔法物件，如果你能找得到，要小心保管它。

定期地浸淫在月光下，或用新鮮的艾蒿摩擦水晶球，會促進它啟動我們心靈力量的能力。在舉行滿月儀式時，可以以它為中心。

# 聖杯（Cup）

聖杯就是放在腳架上的聖釜，它象徵著女神和繁殖力，與水元素有關。雖然它可以用來盛水（常常出現在祭壇上），但它也可以用來盛裝儀式中要喝的水酒。

聖杯的材質幾乎沒有限制，舉凡銀、黃銅、黃金、陶土、滑石、雪花石膏、水晶……等都可以。

# 五芒星（Pentacle）

五芒星通常是扁平狀的黃銅、黃金、銀、木頭、蠟或黏土製品，上頭刻著某種符號。最常見的，而且確實也是唯一需要的，是數千年來一直用於魔法中的五芒星。

五芒星是從儀式魔法（高等魔法）借用而來的，在這個古老的藝術裡，它往往是一項保護性的工具，或是用於召喚幽靈的工具。在威卡教中，五芒星代表土元素，同時也是放置護身符、符咒或祭祀用的任何物件的方便工具。人們有時用它來召喚神祇。

人們也將五芒星掛在門上和窗戶上，當做保護性的工具，或是在儀式中利用它與大地的關係而用它來招財。

# 影子之書（The Book of Shadows）

《影子之書》是威卡魔法的規範手冊，包含召請、儀式模式、咒語、符文、管理魔法的規則……等。有些《影子之書》會在教徒之間相傳，通常發生在入會儀式時，但今日絕大部分的《影子之書》是由教徒各自編撰的。

別相信其他許多威卡書籍裡的故事：有一本自古流傳至今的《影子之書》。因為每一派的威卡教都宣稱他們自己的《影子之書》才是原始的，而且那些《影子之書》都不一樣。

以前的《影子之書》都是手寫的，但打字、甚至是影印的版本在今日也很常見。有些威卡教徒甚至用電腦來編排他們的書——如我的一些朋友所稱的，創造出「影子磁碟」。

如果你要做自己的《影子之書》，先找一本空白簿子——大部分的文具店和書店都找得到。如果你找不到空白簿子，任何有橫線的練習簿也可以。

然後，在裡面記下你自編或從別處找到且想保留的任何儀式、咒語、祈禱和魔法資訊。

記住，所有的《影子之書》（包括本書第三部分的那一個）都是對儀式的建議，而不是「聖經」。絕不要覺得需要被這些文字束縛住。

事實上，許多巫師會使用三孔夾和活動內頁，這樣便能隨意增減影之子書裡頭的資訊。

動手抄寫咒語和儀式是一種很理想的方法，這不僅能確保你完整地讀過內容，而且在燭光下也更容易閱讀。理想上，所有的儀式都要背下來（沒有什麼比在儀式中邊看書或瞄一眼，更容易令人分心了），要不然就是要即興創造。但是，如果你要邊看書邊進行儀式，你必須確定在搖曳的燭光下可以看得清楚內容。

# 搖鈴（Bell）

搖鈴是一種古代妙不可言的儀式工具。搖鈴依據其聲音大小、音調和構材，可以解除極具威力的振動能量。

搖鈴是女性的象徵，因此在儀式中常用來向女神祈求。人們也常搖動它，以避邪驅魔、停息暴風雨，或召喚好的能量。把它放在櫥櫃裡或掛在門上，可以守護住家。在儀式中搖響鈴聲，有時是為了區分不同的階段，並表示每次施咒的開始或結束。

任何形式的搖鈴都可以使用。

以上就是威卡儀式中會使用到的一些工具。好好地運用它們，讓自己熟悉它們的力量，並且將你自己的能量注入進去，你會發現，使用它們將成為你的第二天性。將這些工具收集齊全是一個問題，但可以將它視為你在威卡魔法的興趣上有多認真的魔法考驗。

當你收集每一項工具時，你可以為它做好進行儀式的準備。假如它很古老，就應該卸除它所有的關係和能量，畢竟你不知道誰曾經擁有過它，也不知道它曾用於什麼用途。

在這個程序的一開始，要先用適當的方法做物理性的清潔。當東西清潔好也乾透了，就把它埋起來（埋到土裡，或一碗沙子或鹽巴裡）幾天，讓能量消散。另一個方法是把工具插入海裡、河裡或湖裡，甚至是你自己的浴缸裡（先在水裡加幾撮鹽做淨化）。

別讓木頭受潮而破壞了一塊好木材，同樣的，別讓不適合的東西碰到鹽巴，以免破壞了它的漆或拋光面。對於每一項工具都要用最適合它的方法。

經過幾天後，把工具挖出來，擦乾淨，待用。如果你用的是水的方法，就讓工具淹沒在水裡幾個小時，然後弄乾它。如果你想要的話，可以一直重複淨化，直到工具潔淨如新。

第三部分有威卡魔法工具的開光典禮，在藥草魔法書的部分也有準備儀式。兩者都是選擇性的，你可以根據直覺來使用。

# 5

# 音樂、舞蹈和手勢

威卡教了解，我們所理解的物質與非物質之間的差異，是由於我們基本上是一種實質的存在。有些用於信奉宗教的工具，的確是非物質的，其中最有效的三種，是音樂[6]、舞蹈和手勢。

這些技術是用來提升力量、轉換意識，以及與神祇結合——以達到出神狀態。這些工具往往是儀式的一部分，當然，唯有最有效、最具威力的儀式才能使用這樣的工具（完全由手勢組成的儀式，請參見第三部分：《巨石陣影子之書》）。

**音樂和舞蹈是最早的魔法與宗教行為，在語言獲得完全的發展以前，我們的祖先可能早已運用了手語和體態的魔法。**簡單的指點手勢仍然具有強大的情緒效果，從目擊者在嫌犯中挑出被告，到在一片面試的人海中挑出候選者，皆是。

最初的音樂也許是節奏，因為人類很快就發現，可以藉著拍打身體各部位來製造出愉快的節奏和聲音，尤其是大腿和胸膛。

拍打的動作可以創造出分明、俐落的聲音，至今仍被一些威卡教徒在魔法儀式中用以釋放個人力量[7]。

後來也使用如木鼓之類的節奏樂器，以製造更飽滿的聲音；有些石頭在敲擊時會發出響聲，於是又產生了另一種樂器；蘆葦、骨頭和有些貝類在正確吹奏的情況下，也能夠製造出哨聲，現存的薩滿體系仍在使用這些工具。

較不探索知性層面的儀式可能更有效果，因為它們繞過意識心智直接與深層意識（心靈知覺）溝通。因此，音樂和舞蹈可將我們的情感融入威卡儀式中。

---

6   從技術上來說，音樂包含可以在物理上測得的聲波，但我們不能把音樂拿在手上，只能透過工具將它製造出來。

7   參見多琳・瓦利提（Doreen Valiente）之《明日巫術》（New York: St. Martin's Press, 1978），182頁。

一想到跳舞、唱歌或創作音樂，有些人會感到不好意思，因為這些自然產物源自於壓抑感日益提升的社會。但是在威卡教裡，舞蹈和音樂只出現在神祇面前，你不會為一群人表演，所以不用擔心漏掉一個音或被自己的腳絆倒。祂們才不在乎，而且沒有人需要知道你在自己的儀式中為神祇做了什麼。

即使是最沒有音樂細胞的人，也會想要拿兩塊石頭相互碰撞、搖波浪鼓、拍手或繞圈圈。時至今日，有些最穩定、最有力的威卡巫師集會，仍然會繞著祭壇畫出一個簡單的圓形來召喚力量，至於華麗的儀式舞蹈，就各憑本事了。

我這裡有一些關於舞蹈、音樂和手勢的傳統知識，如果你喜歡，儘管把它們融入你的威卡儀式中。但是，我有一項建議：假如你覺得你的儀式太乏味，假如它們不能創造與神祇的連結，問題可能在於缺乏情緒上的感受力。**音樂和舞蹈能夠在儀式中製造真實的關連性，這樣才能開啟你對神祇的覺察力**。在施展魔法時，它們也許能製造出通往能量的更便捷管道。


## 音樂

音樂，說穿了，就是自然之音的再創造。穿過樹林的風、拍打著巉岩峭壁的怒海狂濤、啪嗒啪嗒的雨、熊熊火焰中的爆裂聲、鳥鳴獸吼，都是構成自然音樂的「樂器」。

由於音樂的強大威力，人類一直渴望將它結合到宗教和魔法儀式裡。**薩滿巫師利用穩定的鼓聲來誘發催眠狀態，而鼓可以用來控制魔法舞蹈的步速**。此外，一直以來，人們也利用音樂來鎮定猛獸——還有人類[8]。

---

8　在傑拉德・加德納（Gerald Gardner）的小說《高階魔法的援助》（New York: Weise, 1975）第十一章裡，可以找到對音樂魔法的詳細描述。

　　在今天，音樂可以是威卡活動的一部分。你只要從經典、民族、通俗或現代的類別裡找一些適合的曲子，然後在儀式中播放。有音樂天分的威卡教徒，會在儀式前、儀式期間或儀式過後創造音樂。

　　我最滿意和最有活力的儀式，通常與音樂有關。我記得某一天，我把一臺小型錄音機藏到拉古娜山的一棵樹後面。奇怪的是，音樂並沒有打擾到野花、高聳的松樹和古橡樹的環境，卻強化了我的個人儀式。

　　**如果你擅長於某項樂器，就把它帶入你的儀式裡**。長笛、小提琴、直笛、吉他、民謠豎琴，或者其他的小樂器，都可以輕鬆地用於儀式中，就像鼓、波浪鼓、搖鈴，甚至是用來做敲擊用的幾杯水和刀。

　　這類的配樂可直接用於儀式之前，以安頓情緒；也可用於儀式中，當做給神祇的貢獻，以召喚能量；還可在儀式過後，純粹用於慶賀和取樂。有些威卡教徒所做的歌，實際上就是一項儀式，包括創造神聖空間、祈求神祇、答謝祂們的現身等每一件事情。音樂魔法，任憑你想怎麼做都可以。

　　有四種類型樂器具備了特殊的力量：

　　鼓、波浪鼓、木琴及所有敲擊類的樂器（除了叉鈴），它們都受到土元素的支配。因此，這類樂器可以用於祈求富饒、生財、工作……等。它們也可用在儀式中召請女神，或是「招攬」能量，送到大地。

　　長笛、直笛和所有吹奏的樂器都在風元素（代表智慧的元素）的掌管下，因此可用於促進心智力量或觀想能力，或用於發現古老的智慧或知識、提升心靈機能和召喚神明。

　　火元素所掌管的是弦樂器，如七弦琴、豎琴（全尺寸或民謠豎琴）、吉他、曼陀林、烏克麗麗等等。這類樂器可以用於與性事、健康和體力、情欲和意志力、改變、進步、勇氣，以及破除有害習慣相關的咒語或儀式。

　　有一些很不錯的工具可用於舉行儀式前的淨化區域和主持人。演奏一曲，伴著樂聲唱和；或是一邊彈撥樂器，一邊以順時針方向繞著該區域走，直到整個地方隨著你的樂聲發出共鳴。弦樂器也可以用於召請男神。

共鳴金屬樂器，如鈸、叉鈴、搖鈴、鑼等等，是水元素的象徵。由於水包含了癒療、肥沃、友誼、心靈力量、精神愛戀、美、憐憫、快樂……等能量，所以搖鈴、鑼或鈸在這類的施咒和儀式中有很重要的作用。伊西絲的叉鈴讓我們想到，共鳴金屬樂器能夠召請女神。

音樂符咒（相對於純粹只有言詞的咒語）可以是既簡單又有效的。需要錢嗎？穿上綠色衣服，靜坐著慢慢擊鼓，向帶來富庶的女神祈求時，觀想自己的荷包鼓鼓。

假如你感到沮喪，找一個音調美妙的搖鈴，儀式性地敲擊它或搖響它，感受聲音的震動正在淨化你的消沉、提升你的心靈。或把一個小搖鈴戴在身上即可。

當你害怕時，可以彈撥六弦吉他或聽預先錄製好的吉他樂曲，並且一邊觀想自己有信心又有勇氣，向有角、威猛、有保護力的男神祈求照拂。

歌唱是語言和音樂的結合，可以很快地融入威卡儀式中。有些威卡教徒覺得在儀式中有必要時，會將吟誦和召請入樂或唱出來。

許多威卡教徒從不追求音樂魔法的題材，只播放曲子做為儀式的背景音樂。這樣很好，但把自己創造的音樂（不管多簡單）融入你的儀式中可能更有效，只要你喜歡那首曲子。

今天，市面上可以找到許多預錄的威卡和非基督教 CD，雖然品質差參不齊，但可以透過郵購挑選一些，其中有些歌曲值得用於儀式中，但大部分較適合在準備儀式時、或在儀式結束後放鬆時播放。

**能夠融入儀式的適當音樂，可以大幅提升威卡魔法的體驗。**

## 舞蹈

舞蹈當然是一項古老的儀式慣例，它也是一種魔法行為，因為**身體的**

**運動會將能量釋出體外，這與魔法中所使用的能量是同一種。**這個「秘密」在很久以前就被發現了，所以舞蹈被融入魔法和儀式中以召喚能量、轉換意識，或只是為了用儀式表演來頌揚神祇。

巫師集會活動中常有團體舞蹈（如螺旋舞）的表演。不過在個人活動中，你無需受到傳統或編舞舞步的束縛，可以隨你的喜好用任何方式舞動，不管看起來可能多幼稚或多狂野。

在魔法中，許多威卡教徒會先略施咒語或有點類似儀式的運用（刻寫符文、打結、在沙子上或藥草粉上畫圖、吟誦神祇的名字），然後才進行真正的魔法：召喚並通往魔法能量。

他們往往以個人或整個巫師集會為單位，以順時針方向繞行祭壇，速度會愈來愈快，眼睛盯著祭壇上的燭火，一邊聞著香氣，讓自己完全沉浸於吟誦和熱切的觀想當中。當信徒已經達到想停也停不下來時，就是身體不再能夠召喚和通往能量之時，此刻力量已釋放至魔法目標上了。為了達成這個目的，有些威卡教徒最後會虛脫地倒在地上，表示舞蹈（雖然這樣稱呼很古怪）的結束。

舞蹈用來提升能量，也用來促進與自然的神祇做更有效的調和。舞如狂野的風、如自山間急衝而下的溪流、如遭雷擊之樹的熊熊火焰、如疾風中彼此碰撞又彈開的沙粒、如盛夏午後綻放芳華的花朵……用任何你喜歡的舞步跳舞，向神祇敞開你的胸懷。

想一想歐洲的吉普賽舞蹈、旋轉舞、訴諸美感的中東肚皮舞，以及古夏威夷的聖呼拉舞。舞蹈確實是是通達神祇的途徑之一。

# 手勢

手勢是文字的無聲表達方式，在與召請或舞蹈結合時，能夠強化威卡儀

式，也可以就其真實力量而單獨使用。**指點手勢**（如前文所提）──利用展開的食指和中指做出一個Ｖ字型代表勝利，而向上舉起的中指則是一種粗俗的表示──**可以顯示出各種能透過手勢而傳達的訊息，以及我們對那些手勢的各種情緒反應。**

我對威卡教的介紹剛好包含了一些古老的手勢。我在一九七一年見過一些魔法保護手勢的照片[9]，像是「無花果」手勢（一手握拳，大拇指從食指和中指之間伸出來），和「山羊之角」手勢（用食指和小指做出一個Ｖ字型，然後上下顛倒），這兩種手勢一直以來都用於避開惡魔之眼[10]和壞事情，後者用於威卡教中，指尖朝上，象徵男神的角。

幾天之後，在我中學的第一年裡，我向一位剛見面的女孩打出這兩個手勢。我找不到合適的理由，但覺得這樣做就對了。她微笑地看著我，問我是不是巫師，我說不是，但我想成為巫師，於是她開始訓練我。

手勢的深層魔法意義很複雜，它源自於手的力量。手能治人亦能殺人，能愛撫亦能刺傷，它是一種管道，能將能量自體內投射出去，或接受來自他人的能量。是我們的雙手設立了魔法祭壇，握住魔杖和巫刃，在魔法儀式結束時捏熄燭火。

手是我們大多數人的謀生工具，是物質世界的象徵，但在手的五點上有一個五角星形，是最高保護力的魔法符號；是四大元素加上阿卡夏（第五元素，宇宙的精神力量）的總和。

我們手掌上的線條，對於受過訓練的人而言，能夠用來連結至深層意識

---

9　參見道格拉斯・希爾（Douglas Hill）和派特・威廉斯（Pat William）的《超自然檔案》（New York: Hawthorn Book, 1965），200 頁。

10　evil eye，又稱邪眼。世界上許多國家與區域普遍性有著由嫉妒而生的「邪眼」會產生詛咒，帶來惡運、疾病與死亡的觀念信仰，其紀錄可以追溯至西元前3000 年左右的蘇美爾人時期。

裡，並且向意識心智揭露我們難以知道的事情。手相師讀掌紋的方式並不像看地圖那樣，掌紋是進入靈魂的鑰匙，是揭露我們心靈最深處的血肉之壇。

手是最早用於計數的「裝置」，被認為同時具有男性和女性特質與象徵，而且手的形象在全世界都被當做護身符使用。

威卡儀式中的手勢，可以很輕易地變成第二天性。在召請神祇時，可以將手舉高，張開十指，以接收祂們的力量。可以使用左手來單獨召請女神，伸出拇指和食指，圍成一個半圓形，其他的手指握起來，這個手勢代表新月。召請男神時舉起右手，伸出食指和中指，或食指和無名指，其他的手指握起來，這個手勢代表的是兩個角。

在四個方位上分別使用不同手勢，可以召喚元素。張開手掌與地面平行，向北方召喚土元素；舉起一隻手，五指用力伸開，向東方召喚風元素；高舉一個拳頭，向南方召喚火元素；用形成杯狀的手，向西方召喚水元素。

利用兩個手勢，再加上一些姿勢，長久以來被用來召請女神和男神，因此也以祂們的名字命名。女神姿勢是站在地面，兩腳分開相距約兩呎（約六十公分），伸出雙手，掌心朝外，手肘微曲。這個姿勢可以用來召喚女神，或是與她的能量調和。

男神的姿勢是雙腳併攏站在地面，抬頭挺胸，雙臂在胸前交叉（通常右臂在上），雙手握拳。手中有時會握著魔杖和巫刃（儀式刀）等工具，這與古埃及法老的動作相呼應，他們在解決爭論時，便以類似的姿勢拿著曲柄杖和連枷。

在巫師集會的活動裡，向神祇祈顯時，高級男女祭司往往是做出這些姿勢的人。在單獨表演的活動中，這些姿勢可以用來識別內心的女神和男神層面，在個別的召請儀式中也是。

**手勢也用於魔法，因為每一根手指都與特定的行星和古代的神祇都有關聯。**由於指點手勢是一項魔法行為，也是許多咒語的一部分，因此可以依據手指所象徵的東西來選擇使用。

拇指與金星（維納斯）和地球有關，食指代表朱彼特和木星，中指象徵薩登和土星，無名指代表太陽和阿波羅，小指代表水星和墨丘利。

許多咒語包含了用到木星和土星之指的指點手勢，通常會指向受託或待輸入魔法能量之物，而我們會觀想著力量從指尖朝向目標直洩而出。

用於威卡儀式的其他儀式手勢，包括「切割」五芒星，方法是揮舞巫刃、魔杖，或用食指在空中的四個方位劃出五芒星。這也用來驅除或召喚元素之力。當然，這要利用觀想來輔助進行。

手可以被當成大釜，因為它能夠盛水；手也能被當作巫刃，因為它用來引導魔法能量；還能當作魔杖，因為它也用於召喚。

手勢是魔法工具，威力跟任何我們可以隨身攜帶、以備不時之需的魔法工具一樣強。

# 6
# 儀式和儀式的準備

# 關於儀式

我將儀式界定為「一種特殊形式的活動、操作或運用物件，或是用來製造想要的效果的一系列內在程序」（見 247 頁詞彙表）。在威卡教裡，儀式是用來祝賀和加強我們與女神、男神及大地的關係的典禮。

這些儀式不需要事先規劃、排練或形成慣例，也不需「忠心耿耿」地謹守著某種特定的模式或形式。確實，與我聊過的威卡教徒在這個論點上都同意，**即興創作的儀式可以是最具威力且最有效的。**

威卡儀式裡可能只有一位主事者，他要點燃篝火、吟誦聖名和觀察月升。或者也可能有十幾個人，其中有些人要負責神話裡的各種角色，或是發表頌揚神祇的長篇大論。

儀式可能是古老的，也可能是新創作的，只要儀式能夠順利地使威卡教徒達到從內心感覺到神祇的境界，它的外在形式並不重要。

威卡儀式通常舉行在月圓之夜和八個力量日──歐洲的古老農業和季節性節日。儀式在本質上通常是心靈性的，但也可能包含了魔法活動。

在第三部分裡你會看到一本完整的儀式書──《巨石陣影子之書》。學習威卡魔法的最佳方式就是多練習，在經過一段時間的儀式操作之後（使用本書所舉的範例，或者你自己寫），你會了解威卡魔法的真實本質。

許多人說他們想進行威卡魔法，但卻只會坐在那兒告訴自己無法從儀式中觀察滿月，因為他們缺乏指導者、沒有入會，或者就是不知道該怎麼做。這些都是藉口，如果你對威卡魔法有興趣，做就對了。

對於只有自己一個人的威卡教徒來說，創造新儀式可以非常好玩。你或許花了好幾個晚上的時間查資料，一點一滴的拼湊儀式和召請的相關資訊，或者只是讓當下的心靈和神祇的智慧來填滿你的靈感。但**不管儀式是怎麼創造出來的，你都應該以愉快的心情去執行儀式，而不要覺得是種責任。**

假如你喜歡，可以隨季節、非基督教節日和月亮的盈虧來安排儀式（更

多相關資訊請參見第八章「力量日」）。如果你對其他的宗教曆法感到特別
有興趣，儘管去採用，古埃及、美洲印地安、夏威夷、巴比倫，以及其他宗
教魔法體系的曆法，都曾極成功地被威卡教徒採用過。

　　雖然以往大部分的威卡教魔法主要來自於歐洲和英國（直到最近），但
這對我們來說並不會產生限制。身為威卡魔法自修者，我們可以盡情地隨心
所欲，只要儀式能實現又有效，還擔心什麼呢？

# 儀式進行前⋯⋯

　　第十三章裡包含了自己設計儀式的介紹，但在此適合提一下關於準備的
注意事項。

## 不被干擾

　　首先，要確定你在進行宗教（或魔法）儀式時不會被打斷。如果你是在
家裡，告訴家人你在忙，不想被打擾。如果你是自己一個人，需要的話，把
電話聽筒拿下來，鎖上門、拉上百葉窗。

　　你最好能確定待會兒進行儀式期間是獨自一人，而且有一陣子不會受到
任何干擾。

## 淨身

　　接著是儀式前的淨身。有一陣子，我如果不先快速泡個澡，我幾乎無法
舉行儀式。這有一部分是心理層面的問題：如果你經過一天煩惱的事情之後
能夠變得乾淨、清醒，你在接觸神祇時才會感到舒坦。

儀式前淨身很常見於許多宗教，在威卡教裡，我們將水視為一種淨化物質，可以剝除造成日常緊張的干擾性振動能量，並且讓我們帶著潔淨的身體和思想站在神祇面前。

從深層的意義上來說，在水中施行浸禮，會將我們和我們最原始的記憶連結在一起。

泡在一缸冷冷的鹽水中，就好比迎著浪潮走入能納百川的海洋裡一樣，而海洋的掌管者是女神，這讓我們對即將發生的體驗產生心靈上和肉體上的準備。（你泡在浴缸裡時，是不是有過不一樣的感覺？）

沐浴往往變成一種儀式，你可以在浴室裡燃上蠟燭，再加上焚香，然後在水中加入芳香精油或藥草香袋。我最喜歡的淨身浴香袋含有等量的迷迭香、茴香、薰衣草、羅勒、百里香、牛膝草、馬鞭草、薄荷，再加上一點點的纈草根（這個配方取自於《索羅門之鑰》）。把這些東西放到一只布袋裡，把袋口綁好以免藥草掉出來，然後丟到浴缸中。

靠近海邊、湖邊或溪邊的戶外儀式，可以用簡短的游泳做為開場。當然，對於在自然環境中舉行的儀式來說，沐浴是不可能的，有些人甚至質疑儀式前沐浴的必要性。如果沐浴令你感到舒暢，做就是了，但假如你覺得沒必要，就不要做。

## 儀式服

沐浴過後就要穿衣準備進行儀式。今日有許多威卡教徒（尤其是受到傑拉德·加德納〔Gerald Gardner〕或其學生影響的人）認為，裸體是召請自然之神的最佳狀態。

裸體當然是人體所能呈現的最自然狀態，但儀式性裸體並不適合每一個人。教會做了很多努力去灌輸大眾，要對衣不蔽體要感到羞恥，而這類被扭曲、不自然的情感仍然存續至今。

　　堅持儀式性裸體有許多理由[11]，有些威卡教徒宣稱，被衣物掩蓋住的身體所散發出來的能量不如裸體來得有效，但接著又說，必要時，在室內穿著衣服所舉行的儀式，是跟戶外的裸體儀式一樣有效的。

　　穿著衣服的威卡教徒所製造的魔法，效力就跟裸體的威卡教徒所製造的**魔法一樣。穿衣服並不會阻礙魔法的傳遞。**

　　關於威卡教的儀式性裸體，有一種較令人信服的說法——人們想利用的是其象徵性價值：在神祇面前做心智、心靈及肉體的裸露，象徵威卡教徒的正直與坦誠。

　　許多古老的宗教都奉行儀式性裸體，時至今日，仍零星散布於世界各處。所以，這並不真的是一種新觀念——除了對有些西方人來說。

　　雖然許多巫師集會堅持奉行儀式性裸體，但你不用擔心，身為一名自修者，你可以自行選擇。假如儀式性裸體令你感到不自在，連自己一個人時也是這樣，那就不要用，你還有很多其他選擇。

　　特定的服裝，像是長袍和長褂，在有些威卡教徒之間是相當受歡迎的。選擇穿長袍的理由很多，其中之一是，套上專門為魔法準備的服裝，能讓儀式產生一股神秘的氣氛，將你的意識轉換到下一個階段裡，所以能促進儀式性意識。

　　威卡教徒也為特殊的振動能量而選擇顏色，下方的長袍顏色清單是一個不錯的範例。如果我對藥草魔法或為了停止核能發電廠和核子武器的增加而設計的儀式特別感興趣，我也許會穿上綠色長袍，來幫助我的儀式能注入到大地的能量裡。

---

11　其中一個不常提到的理由最為明顯：人們喜歡看別人赤身裸體的樣子。有些無恥之徒成立巫師集會，唯一的目的只是為了實行社交裸體。這種團體的目的很顯然並不在於促進威卡教的目標：與神祇結合，並崇敬自然。我在此要緊急補充的是，大部分奉行儀式性裸體的巫師集會並不屬於這個類型。

根據以下的敘述，也可以為了特定的咒語或符咒圈而穿上特製的長袍。

**黃色**　對於做占卜的人來說，這是很理想的顏色。

**紫色**　很適合要與純粹的神聖力量通力合作的人（魔法師），也適合想更深入探索對神祇的心靈知覺的人。

**藍色**　適合治療師，以及想喚起自己的心靈知覺、或想與海洋女神調和的人。

**綠色**　賦予藥草學家和魔法生態學家力量。

**棕色**　與動物調和者，或為了牠們而施咒語的人。

**白色**　象徵純潔和純潔的心靈，非常適合冥想和淨化儀式。穿於滿月慶典或與女神調和時。

**橘色或紅色**　可用於年輪慶典、保護性儀式、或與掌管炎熱太陽的男神調和時。

**黑色**　此色長袍相當普遍，但與一般誤解相反的是，黑色並不象徵邪惡，它所代表的是沒有顏色，它是一種象徵夜晚、宇宙，並且沒有虛假的保護性色調。當威卡教徒穿上黑色長袍時，就等於身上披著外太空的黑暗——從象徵意義上來說，便是神聖能量的終極源頭。

如果這對你來說太複雜，你只要做或買一件長袍，然後在每一個儀式裡都穿上它。

長袍的樣式從簡單的浴衣型設計，到全副的連帽型和類修士服的創作，一直到太靠近燭火保證引火焚身的喇叭袖都有。有些威卡教徒之所以穿著連帽長袍，是為了在儀式中阻絕外界干擾和控制感官刺激。

這個點子對魔法或冥想很好，但並不適合威卡宗教儀式，因為這時候我們應該與自然坦誠相對，而不是斷絕與物質世界的連繫。

如果你不想穿這樣的服裝、或無法縫製、或就是找不到人幫你做，只要

穿乾淨的天然纖維布料就行了，如棉、羊毛和蠶絲[12]。只要你覺得你所穿的（或沒穿）很舒服，這樣就好了。何妨試驗看看，哪一種最「適合」你？

## 配飾

選擇搭配服裝的首飾。許多威卡教徒有好幾套帶著宗教或魔法格調的特殊配飾。護身符和幸運符（用來避開或吸引某種力量）也成雙使用，當做儀式性配飾，像琥珀、黑玉等精緻的項鍊，戴在手腕上的金、銀手鐲，帶有新月紋飾的銀座頭冠，翡翠和珍珠戒指，甚至是附有小銀釦的儀式用襪帶，往往都是威卡禮服的一部分。

但是，你其實不需要花錢買或自己做這麼奢侈的精品，在這裡可以一切從簡。如果你喜歡在儀式中戴一兩件配飾，也很好！選擇帶有新月、生命之符、五芒星……等的設計，許多郵購供應商都有神秘儀式用的配飾。如果你想把這些配飾保留起來專供儀式使用，沒問題，很多人都這麼做。

常有人問我，我有沒有幸運符、配飾、護身符，或是我一直保有的任何威力物件。答案是沒有。這個答案常令人驚訝，但這是我魔法哲學的一部分。如果我決定把一件配飾（戒指、墜飾、水晶柱等等）當做我的威力物件、我與神明的連結、我幸運的保證，那麼它要是因為被偷、弄丟、亂放或什麼原因沒在我身邊，那我豈不遭殃了？

我可以說力量已經離它而去，它是一顆被更高級的生靈帶走的魔法檸檬，或是我沒有自己認為的那麼警覺。但我仍然會倒大楣。

---

12　我了解這是一則異端聲明，當我這麼建議的時候，許多威卡信徒感到相當憤怒。這種反應是傳統威卡教訓練的產物。然而，我覺得在儀式中穿著乾淨的外出服，與許多威卡信徒披著他們所鍾愛、隨處可見、悶熱又不舒適的長袍比起來，也不會更荒謬。每個人都有權利選擇自己想要的。

把我們的希望、夢想和能量寄託在一個物件上，並不是明智的做法。這是我們一輩子所接受的物質主義教育直接灌輸給我們的觀念和限制。人們會輕易地說：「我什麼也不能做，因為我把我的幸運月石項鍊弄丟了。」也容易這麼想：「什麼事都不對勁，因為我的角神戒指不見了。」

人們不容易看清的是，**我們所需要的一切力量和運氣，其實都存在於我們的內在。**力量和運氣不會被包裝到外在的物件裡，除非我們允許。如果我們這麼做，我們等於讓自己冒著失去一部分個人力量和幸運的風險，這是我不願做的事。

威力物件和儀式配飾確實可以做為神明常在的提示物、我們本性的象徵，但我認為，除此之外，它們不該有更多的作用。

不過，我的確有幾件有時候會在儀式中穿戴的配飾（一個銀製五芒星、一幅女神像、一個埃及古十字、一個象徵男神毛伊的夏威夷魚勾）。穿戴上這樣的配飾，會觸發心智上的反應，並製造出有效儀式所需的意識狀態。

我並不是說不該把這樣的力量送到物件裡——的確，這是受魔法加持的幸運符和護身符的製造方法。我只是比較不喜歡對個人和儀式配飾這麼做。

我們佩戴某些自然物件，例如水晶，是為了從我們的內在去引用它們的能量，以產生特殊的變化。這種類型的「威力物件」對於個人能量來說是一種好的附屬品——但完全仰賴它們是一件危險的事。

假如穿戴特定的配飾會令你進入魔法情緒裡，或者戴著女神像或象徵她的聖物，會拉近你和她之間的距離，那很好。

不過，你的目標也許應該是，在我們周圍看不見的世界裡和神祇存在的現實裡，甚至是在人類經驗最基層的低等愚行中，持續調和的能力。

## 同伴

現在，你已沐浴、更衣、配戴飾品，準備好進行儀式了。還有什麼沒想

到的？有，很重要——同伴。你希望獨自一人或跟同伴一起崇拜威卡教的遠古神祇？如果你有志趣相投的朋友，你也許想邀請他們加入你。

如果沒有，沒問題。如果是使用威卡教的方式，一個人進行儀式也很好。假如有志同道合的朋友會非常棒，但也有可能令你感到拘謹。

當然，也有不能讓別人在場的儀式。不經意的瞥見被雲朵半掩的滿月，這需要一段時間的靜默或調和、召請或冥想，這些都是獨自與神祇分享的儀式。神祇不會一直待在儀式中，祂們就像自然一樣不可預測，來去自如。

如果你想邀集朋友一同進行儀式，最好只邀請在威卡魔法上真正和你磁場相合的人。私底下竊笑和漫不經心的態度，並不能幫助你促進威卡魔法的進展。

還有，要注意伴侶的興趣——只因為你感興趣，他才感興趣的另一半（男女朋友或夫妻），他們也許看起來很誠懇，但是過了一陣子之後，你或許才會領悟到他們對儀式沒有貢獻。

巫師集會活動有許多精采之處，我曾經體驗過。你可以在一個優質的巫師集會裡看到大部分最好的威卡魔法（或在劣質的巫師集會裡只能看到糟糕的魔法），但大部分的人都無法接觸到巫師集會，他們或許也缺乏有興趣一起做練習的朋友，這就是我為了自修者寫下這本書的原因。如果你想要的話，可以在研究這本書或其他威卡魔法指南的同時，繼續尋找能夠訓練你的老師或巫師集會。如果真的讓你遇到了，你就能透過他人經驗中的實際知識來接觸威卡魔法，而不只是從書中學習。

僅管絕大部分的威卡魔法書都強調入會儀式和團體活動，但自修者的威卡魔法不應該被視為次要之事。

今天，崇敬古老神祇的個人遠多於巫師集會成員，而且選擇獨自進行這些活動的人，數量也是多得驚人，我便是其中之一——除了我每年還會參加幾個團體聚會。

不要因為你的活動得不到老師或被認可的巫師集會的指導，而感到不如

他人，別擔心自己不被承認為真正的威卡教徒，這種認同只有在那些有權授予或拒給頭銜的人的眼裡很重要，除此之外是沒有意義的。

你只需要擔心如何讓自己開心，以及如何發展出與神祇的和諧密切關係就好了。儘管寫下你自己的儀式，別管「啟示書」裡那些叫人奴從、綁手綁腳的死板規定和觀念。**威卡教是一個一直在進化的宗教，它的核心是對自然和神祇的愛**，而不是永無止境的傳統和古老儀式。

我並沒有說傳統的威卡教不好，根本不是這樣。的確，我接受過幾個威卡傳承會的入會禮，它們每個都有自己的入會儀式、年輪慶典和滿月儀式（參見第八章「力量日」）、神祇的名字、傳說和魔法知識。

但是，在接受過這些「秘密」之後我才了解，它們其實都是一樣的，其中最大的秘密是，每個人都可以接觸得到，只要願意花時間去觀察自然，將它視為神祇的表現形式。

每一個威卡教的傳統（表現），無論是傳下來或是憑直覺而做的，就像是花瓣一樣。**一朵花不是由任何一片花瓣單獨構成，而是需要所有的花瓣才能形成**。自修的方式就跟任何其他方式一樣，都是威卡的一部分。

# 7

## 魔法圈與祭壇

從明確的定義上來說，圓圈、魔法圈或球體是一種非物質性神殿。在今日的威卡教裡，大部分的儀式和魔法活動都發生在這種屬於個人力量的結構裡。

魔法圈源自於古代，它的形狀被應用於古老的巴比倫魔法中。中世紀和文藝復興時代的儀式魔法師也用過，同樣用過的還有美洲的許多印地安部落，儘管可能基於不同的原因。

魔法圈可分為兩大類。從前（和今日）的儀式魔法師的應用，是為了保護自己免於被自己所召喚的力量波及，而在威卡魔法中，魔法圈被用來創造一塊聖潔的空間，讓人類在裡頭與神祇相遇。

在紀元前的歐洲，大部分的非基督宗教慶典都在戶外舉行，分別是對太陽、月亮、星辰和大地的富庶慶賀。歐洲的立石、石圈、聖林和聖泉等，都是古代的遺跡。

當非基督教的儀式被新權威教會剝奪其合法性時，便只能偷偷摸摸的進行，於是大地上的草原再也沒聽過吟誦太陽神古名的聲音，高懸於夜空的月亮也不再受人崇拜。


## 戶外與室內

那些非基督教徒把儀式弄得神秘兮兮的，有些人只能趁著夜晚黑幕的掩飾在戶外進行，有些人則把儀式帶進屋裡。

遺憾的是，威卡教承襲了最不適合的做法。**其實對於許多威卡教徒來說，戶外儀式比沉悶的室內儀式創新、有趣多了**，我把這種症候群叫做「客廳威卡」。

雖然大部分的威卡教徒都在室內進行宗教活動，但在戶外的日光和月光下進行儀式，卻更理想——在遠離塵囂的野外僻靜處。

像這樣的威卡儀式，在今日很難執行。傳統的威卡儀式很複雜，而且往往需要許多的工具，也很難找得到隱密的地方。另一個問題就只是怕被看見，但到底在怕什麼？

另外有一種具責任感的成年知識分子，寧願看到我們死，也不願意看到我們奉行的宗教。這種「基督徒」[13] 很少，但確實存在，而且即使在今天，威卡教徒仍暴露在對他們的宗教有誤會者的精神騷擾和身體暴力之下。

但別讓這一點嚇壞你了，假如為了吸引到最少的注意力，而修正儀式的話，是可以在戶外舉行的，畢竟在公園裡穿一件黑色的連帽長袍、攪拌大釜、在空中揮舞著刀劍，並不是避免受到過度關注的最佳方式。

在你可能被瞧見的地方舉行戶外儀式時，我建議的服裝是外出服。可以使用工具，但記住，工具只是配件，不是必需品。如果你覺得工具會造成問題，就不要帶出門。

一九八七年，我到毛伊島旅行，我在破曉時分醒來，然後走到海灘上。那時太陽才剛升起在海勒卡拉火山後方，黎明的曙光將大海染成紅、粉交雜的顏色。我沿著珊瑚砂的海岸漫步，走到了受溫暖海水沖擊的火山岩區。

在那裡，我立起一塊小石頭，用來崇敬古老的夏威夷神祇。我坐在小石頭前方，對著在我周圍的神祇敞開心胸。

接著我走進海裡，向水裡扔了一只緬梔花環，把它獻給月神希娜、火山女神佩蕾、拉卡（佩蕾的姐姐）、生命之神凱恩、農神羅諾、海神卡納羅亞等諸神 [14]。

---

13　作者在這一詞上加了引號，是為了一個顯而易見的原因：這麼暴力、瘋狂的人，當然不是基督徒。連基本教義派人士通常也會將他們的活動限制在佈道和巡邏上，而非暴力、火力轟炸和鬥毆。

14　或是如夏威夷人給祂們的頭銜：四千年神、四萬年神、四十萬年神。這裡的「神」，指的是包含兩種性別的神祇和半神。

　　我沒有冗長的祈禱文，也不用揮舞工具。但是，神祇就在那兒，圍繞在我四周。此時浪花拍打著我的雙腿，太陽已從古老的火山後方完全升起，用翡翠色的日光輕撫著海洋。

　　像這樣的戶外儀式可能有效千倍，因為地點在戶外，而不是在充滿金屬、塑膠和現代科技雜物的室內。

　　當情況不允許時（氣候當然是一項因素），威卡教徒會把他們的客廳和起居室變成魔法之地。他們的方法是創造一塊神聖空間，也就是迎神和舉行儀式的魔法環境，信徒在那個環境裡，對神祇的各方面產生新的體悟，也可以在那個地方施法。

　　這個神聖的空間就是魔法圈。

　　**魔法圈幾乎是室內活動的必要條件。這個圈圈界定了儀式範圍、控制個人力量、隔絕干擾人的能量——事實上，它為儀式創造了一個適當的氛圍。**站在魔法圈裡，眼睛看著祭壇上的燭光，聞著焚香的氣味，並且吟誦著古老的名字，這是一種很美妙的召喚經驗。在適當的設置和觀想之下，魔法圈能發揮功能，帶領我們更接近神祇。


## 形成魔法圈

　　魔法圈是靠著個人力量構成的，這股力量從身體湧出（透過感覺和觀想），然後經由巫刃（儀式刀）進入空中。完成後，魔法圈就是包圍著整個活動區域的能量球。

　　用「圈」這個字並不太恰當，被創造出來的其實是一個能量球。這個圓圈只是標記出球體接觸到地面的環狀，在這個圓圈之下其實還有另一半的球形。

　　有時候，教徒會在地上放上某些標記，用來表示魔法圈將地球一分為二。這種標記也許是弄成大致上像圓形的細繩、用粉筆劃得不很平整的圓

圈，或是剛好能表示出圓形輪廓的物體。這些東西包括花朵（適合春季和夏季儀式）、松枝（冬季節日）、石頭或貝殼、水晶，甚至塔羅牌。基本上，就是使用能夠激發你的想像力，並且與儀式協調一致的物品（關於魔法圈的更多資訊請參見第十三章「儀式設計」）。

魔法圈的大小通常是直徑九呎（約二點七公尺）[15]，不過任何你覺得舒服的大小尺寸都可以。一般會在方位基點上點上蠟燭做標記，或在每個點上擺上儀式工具。

可以在北方放上五芒星、一碗鹽或土，這是土元素（代表安定、肥沃和滋養）的領域，是其他三個方位元素的基礎。

悶燒著焚香的香爐放在東方，這是智慧元素（風）的方位，也可以使用鮮花或香柱。風是心智、溝通、移動、占卜和心靈苦修之元素。

在南方通常是放上代表火元素的蠟燭，火是轉變的要素，是熱情與改變、成功、健康與力量的元素，也可以使用油燈或火山岩塊。

在魔法圈的西方放上一杯水或一碗水，用來代表最後一個元素——水。水元素的範圍包含情緒、通靈心智、愛、療癒、美和感情靈性。

這四個物品可以放到祭壇上，它們的位置要相應於所屬的四個方位及其元素屬性。

一旦圍著活動空間的魔法圈形成之後，儀式就可以開始了。在魔法活動期間，魔法圈裡的空氣會變得令人不舒服地愈來愈悶熱——感覺起來真的和圈圈外的世界不一樣，充滿了能量和力量。

魔法圈是能量的產物，是可經由體驗而感應和感覺到的明顯結構，它不只是一個單純的花圈或繩圈，而是一個堅實可靠的堡壘。

在威卡教的思想中，魔法圈代表著女神、自然的心靈層面、肥沃、無窮和永恆。它本身也象徵著大地。

---

15　九是女神的數字。

## 祭壇的設置

放置工具的祭壇就設立在魔法圈中央,它可以由任何物質造成,不過木頭的還是比較理想。基於威力的考量,特別推薦橡樹;而女神的聖物,柳樹,也很適合。

祭壇上象徵性的神聖區域

威卡教不相信女神和男神就盤據在祭壇上,那是一個具有力量和魔法的地方,但並沒有神聖到那種地步。雖然祭壇通常是為了每一次的魔法儀式而設立和拆除的,但有些威卡教徒也會在家中設立永久的祭壇,你的神壇也可以發展成這樣的祭壇。

祭壇有時候是圓形的,用來代表女神和性靈,但它也可以是正方形的,象徵著四個方位的元素。它也許不過就是一小塊地面、覆著一塊布的紙箱、底下用兩塊煤渣支撐的木板、一張咖啡桌、荒野中一塊被鋸下的樹的殘幹、或是一塊大大的岩石片。在舉行戶外儀式時,可以用篝火來取代祭壇,以香柱標記出魔法圈的範圍。此時,所使用的工具是心智的力量。

放在祭壇上的威卡工具,通常是經過精心擺設的。一般說來,祭壇會面向北方,並設在魔法圈的中央。它與大地之間有所連繫,而且由於地點是在家裡,所以這種擺設方位可能會讓我們感到比較舒服。不過,有些威卡教徒會讓祭壇朝向日月升起的方位,也就是東方。

祭壇的左半邊通常是留給女神的，代表她的聖物（工具）就擺在那個位置：聖杯、五芒星、搖鈴、水晶和大釜。那兒也可以立起一個女神像，或是可以拿一支掃帚靠放在壇祭左側[16]。

假如你找不到適合的女神像（或者你就是不想用），則可以用綠色、銀色或白色的蠟燭來取代。

如果大釜太大，不適合放在祭壇上，有時會將它放置在靠近祭壇左側的地板上。

祭壇的右邊是男神的區域，通常放置的是紅色、黃色或金黃色的蠟燭，或是一個適當的神像，以及香爐、魔杖、儀式刀（巫刃）和白柄刀。

中間可以擺鮮花，也許放在瓶子或小聖釜裡。香爐通常放置在中央，這樣它的薰香才能同時傳送給女神和男神，而五芒星可以放在香爐的前面。

有些威卡教徒尊奉較原始、自然取向的祭壇設計。用來象徵女神的東西，如圓形石頭（如果可的話，穿一個洞）、草人或貝殼都是很好的選擇；松果、椎形石、橡子等，則可以用來代表男神。但是，不妨運用你的想像力來佈置祭壇。

如果你在魔法圈裡施法，在開始之前，所有物品都要擺在裡頭，擺在祭壇上或祭壇下都可以。

不要忘記準備火柴和一只小碗，來裝用過的火柴（把用過的火柴丟到香爐或大釜裡是失禮的行為）。

雖然我們可以設立女神或男神的神像，但我們並不是偶像崇拜者，我們不相信雕像或一堆石頭真的能夠代表神祇。還有，雖然我們崇敬自然，但是我們不崇拜樹木、小鳥或石頭，我們只是很開心地從它們身上看到宇宙的創造力——女神與男神。

---

16　有些威卡信徒（尤其是教化女性性靈的那些人），也許還會擺上一只雙面斧。
　　雙面斧象徵著女神和月亮，在克里特島上曾廣為使用。

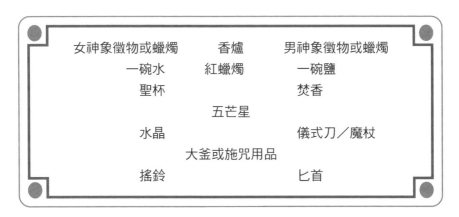

建議的祭壇擺設

　　祭壇和祭壇所在的魔法圈是個人化的架構，所以應該要迎合你的喜好。

　　我的第一位威卡老師會視當時的情況來精心佈置祭壇——如果我們不能在戶外進行的話。做一個滿月儀式時，她會在祭壇上舖上白色緞布，擺上放在水晶基座裡的白蠟燭，加上一只銀製高腳杯、白玫瑰、檀木和葉子看起來像冰雪般的銀葉菊（dusty miller 又名羊角葉）。空氣中飄散著白玫瑰、檀香和梔子花的混合香味。色彩亮麗的祭壇讓房間充滿了月亮的能量，我們那晚的儀式真令人回味。

　　希望你的也是如此。

# 8
## 力量日

在過去，當人們隨著大自然的變化而生活時，季節的轉換和月亮每個月的循環，對宗教儀式來說都有著重大的影響力。

由於月亮被視為女神的象徵，所以崇拜儀式和魔法都會在月光下舉行。冬季的降臨、春天的第一個騷動、溫暖的夏季和秋天的到來，我們也都會透過儀式來表達。

威卡教徒是紀元前歐洲民間宗教的繼承者，他們現在仍在月圓時慶祝，並觀察季節的變換。威卡宗教行事曆有十三個滿月節慶和八個年輪慶典（或稱力量日）。

這些日子（更適當地說，是夜晚）中的四個，是由至點[17]和晝夜平分時（天文學上的季節開端）來決定[18]。另外四個則來自於古老的民間節日（在某種程度上，是源自於古中東的節日）。節日習俗賦予威卡年結構和秩序，也提醒了我們，在我們百年之後仍會持續下去的無盡循環。

有四個年輪慶典（也許是被奉行最久的節日）可能與農業和動物的懷孕週期有關，分別是火炬節（立春／二月二日）、朔火節（立夏／四月三十日）、豐收節（立秋／八月一日）、薩溫節（立冬／十月三十一日）。這些是凱爾特的節日名，在威卡教徒間使用得很普遍，雖然也還有其他許多名稱的存在。

人類在仔細地觀察天空後產生了一般的天文年知識，就將至點和晝夜平分時（大約是三月二十一日、六月二十一日、九月二十一日、十二月二十一日）帶入這個宗教結構裡[19]。

---

17　solstices，是太陽在一年中離地球赤道最遠的一天。一年中有二至點，即夏至與冬至。

18　這種古老的習俗甚至可以在基督教裡找到蛛絲馬跡。舉例來說，復活節在春分之後第一次月圓後的星期日，在宗教節慶的安排上比較接近「異教」的方式。

19　至點、晝夜平分時和年輪慶典列在 Llewellyn 天文曆之中。

當時是誰先開始崇拜和召喚能量的？我們不得而知。不過，這些神聖的日夜確實是二十一個威卡節慶的由來。

今日，許多的這些節日同時以宗教和非宗教的形式流傳下來，幾個普遍的美國節日：朔火節、萬聖節、土撥鼠節，甚至是感恩節，都與古老的非督基教崇拜有關。有濃厚基督教色彩的年輪慶典，也被保存在天主教之內。

這些年輪慶典是與太陽有關的節慶，是太陽循環週期中的點，也是威卡年中的半數節日。

滿月慶典是威卡教於滿月時所舉行的慶祝儀式，此時教徒會聚集起來崇拜月亮。另外，威卡教徒並沒有在滿月慶典中遺忘男神——兩者在所有的節慶中都受到崇敬。

一年裡有十二到十三次滿月，或每二十八天有一次滿月。月亮是女神的象徵，也是能量的來源。因此，在滿月慶典的宗教儀式之後，威卡教徒往往會施法，去發掘更多應該存在的能量。

有些古老的非基督教節日，在基督教的統治之下褪去了它們曾經擁有的神聖特質，因此已然式微。在美國，薩溫節（立冬）似乎已由糖果製造商接手，而冬至已從最神聖的非基督教節日之一，轉變成一個商業氣息十足的時節。即使後者回應著基督教救世者的誕生，其聲勢仍壓不過收銀機噹噹噹噹的鳴聲。

但是，古老魔法在威卡教的頌揚之下，仍然在這些日夜裡持續進行著。儘管儀式千變萬化，但一切都與神祇和我們的家園（即大地）有關。

大部分的儀式都在夜晚舉行，雖是為了切合實際，但也因此增添了一份神秘感。力量日是根據太陽運行而制定的，比較適合在中午或黎明時慶祝，但現在很少見了。

年輪慶典告訴我們神祇的故事、祂們之間的關係，以及對大地豐收的影響。這些神話有許許多多的版本，但都有一個共通點，而這個共通點便成了這些年輪慶典的基本描寫。

# 冬至

女神在冬至時（大約在十二月二十一日）生下一個兒子，也就是男神；這個故事絕不可能是基督教的版本。長久以來，冬至即被視為神祇的誕生日，古波斯太陽神密特拉據說就在這一天出生，基督教只是在西元二七三年將這個故事採用為自己的版本。

冬至是一年裡最黑暗、也是白天最短的一天，早期的人們注意到這種現象，便向自然的力量祈求將白天延長、夜晚縮短。威卡教徒有時會在黎明即將來臨前慶祝冬至，然後看著日出，為慶典畫下完美的句點。

由於男神也是太陽，所以這一天也被視為太陽的重生日。因此，威卡教徒會點上火炬或蠟燭以歡迎日光重回大地，而女神則在分娩後沉睡一整個冬天，做為產後的休息。

古時候以儀式催促冬季結束，並慶祝欣欣向榮、食物富足的春天到來，冬至便是此儀式的遺韻。對於當代的威卡教徒來說，這提醒我們，**死亡的終極產物是重生**，這在生活擾攘不息的現代是頗寬慰人心的想法。

# 火炬節（立春）

火炬節（立春／二月二日）是女神生下男神後身體復原的日子，白天變長後的日光喚醒了他。男神是一位年輕、精力充沛的男孩，而且他的力量基礎在於白天較夜晚長的日子。溫暖的氣候令大地（女神）變得肥沃，誘使種子發芽、生長，這就是初春的開端。經過生活封閉的冬季後，這是透過復甦的太陽之力來淨化大地的年輪慶典。它也是一個慶祝日光和富饒的節日，在歐洲，曾以巨大的火焰、火炬和各種形式的火為標記。這裡的火，除了光和溫暖之外，也代表了我們自己的啟發和靈感。

火炬節（立春）也叫做孕母節、牧神節、潘神節、雪花蓮節（Snowdrop Festival）、盈月節、聖布里吉德節，也許還有許多其他名稱。有些女性威卡教徒奉行古老的斯堪地那維亞習俗，戴上點著蠟火的冠冕[20]，但有更多人在召請儀式中使用細蠟燭。

這是巫師集會舉行入會儀式的傳統時間之一，還有自我奉獻儀式，如第十二章裡所概述的，可以在這個時候執行或更新。

# 春分

春分（大約在三月二十一日）也就是春天降臨的時刻。春季儀式和復活節揭露了春季真正降臨的第一天，大自然的能量敏感地從冬天的遲緩，轉換到春天的生氣勃勃。從沉睡中甦醒的女神，轟然一響地將肥沃覆蓋在大地上，此時，男神的身形也不斷伸展，直至生長茁壯。他走過綠野，歡欣於大自然的富庶。

在春分時，白天和夜晚的時間相等，然後晝光漸漸長於黑夜，女神和男神催促著大地上的野生動物繁殖。

這是開始、行動、為收成而耕耘、栽培果菜的時節。

# 朔火節（立夏）

朔火節（立夏／四月三十日）代表年輕的男神已進入成年時期。受到大

---

20　更多資訊請參見雷蒙德・巴克蘭（Raymond Buckland）的《巫術全集》（Llewellyn，1986 和 2002），101-102 頁。

自然中能量的鼓動，他渴望女神，然後祂們墜入情網，以草原和花叢為舖，兩人結合在一起，然後女神有了身孕。威卡教徒藉由儀式，慶賀她所象徵的富饒。

一直以來，豐盛的宴饗和儀式就是朔火節的特色，朔火節花柱（極度的陽物崇拜象徵）是古早時期英國鄉村儀式中的焦點。許多人在破曉時分起床，從原野和花園中蒐集花朵和綠枝條來裝飾朔火節花柱、他們的家，和他們自己。

花和綠色植物是女神的象徵，朔火節花柱是男神的象徵。朔火節代表了活力與熱情的復甦，以及願望的實現。

今天，威卡教徒有時會在朔火節儀式中使用朔火節花柱，但大釜才是儀典中較常見的焦點。當然，它代表了女神——女性的本質、所有欲望的終結，與朔火節花柱（男神的象徵）同樣重要，但性質相反。

# 夏至

夏至（大約在六月二十一日），也叫做仲夏節（Litha），此時自然的各種力量達到它們的最高點，大地浸淫在神祇所帶來的富饒之中。

在過去，人們會跳過篝火來促進肥沃、潔淨、健康和愛。火在這裡同樣代表著太陽，用來慶祝一年裡白日最長的一天。

夏至是適合各種魔法的典型時間。

# 豐收節（立秋）

豐收節（立秋／八月一日）是一年裡的第一次收成，此時春季的植物凋

零，落下果實或種子供我們食用並確保未來的收成。神秘的是，隨著太陽一天天地愈往南方升起，夜晚愈來愈長，男神也漸漸失去了他的力氣。女神又悲又喜的看著，因為她了解到男神正逐漸死去，但她的肚子裡又孕育了新的生命。

豐收節又叫做八月前夕、麵包節、收穫節和秋收節，在這一天不需要特別觀察，它原本就與第一次收成的時間相同。

隨著夏天過去，威卡教徒從食物中懷念起它的溫暖和富盛。**我們的每一餐都是與自然調和的行為，並從中得到提醒，宇宙間沒有什麼是永恆不變的。**

# 秋分

秋分（大約在九月二十一日）是收成工作（始於豐收節／立秋的）完成時，白天和夜晚的時間長度又再度相等，達到平衡。此時男神準備離開他的肉體，開始進入那無形的世界展開探索，走向（由女神分娩的）復活和重生之路。

大自然衰退，不再給予產物，並且準備好在冬天來臨時進入休息狀態。女神在微弱的陽光下打盹，儘管她的子宮裡孕育著燃燒的火苗。她能感覺到男神的存在，即使他的生命已在消逝當中。

# 薩溫節（立冬）

在薩溫節／立冬時（十月三十一日），威卡教徒要向男神說再見，但這只是一個暫時性的告別。他並不會被包圍在永無止盡的黑暗裡，而是已準備好在冬至時從女神的腹中重生。

　　薩溫節也叫做萬聖夜、亡靈宴、蘋果宴或諸聖節（Hallows、All Hallows），曾經被視為獻祭之時。在某些地方，此時要宰殺動物以確保有食物度過整個冬天。男神（代表著動物）也為了保障我們的持續生存而殞落[21]。

　　薩溫節是一個自省的時刻，讓我們檢視過去一年來的言行，而且未來要設法接受我們無法掌控的生命現象——死亡。威卡教徒覺得在這個夜晚，物質現實與精神現實間的那道牆特別薄。此時，他們想起自己的祖先，以及所有的已逝之人。

　　在薩溫節過後，威卡教徒要慶祝冬至，然後一年便算圓滿了。

　　當然，這其中埋伏著一些難解的謎。為什麼男神是女神的兒子，但後來又成為她的愛人？

　　這並不是亂倫，只是一種象徵意義。在這則農業故事裡（諸多威卡神話的其中之一），女神和男神代表著一直在變化的大地肥沃度。這則神話講述的是出生、死亡和重生的謎，它頌揚愛情的奇妙和美麗結果，也讚頌延續種族的女性。它也指出人類如何依賴大地、太陽、月亮，以及季節對我們日常生活所造成的影響。

　　對於務農的人來說，這個神話週期的要旨在於，在女神和男神之間的相互影響下所產出的食物（沒有食物，我們便無法生存）與神祇有十分密切的關係。的確，威卡教徒將食物視為神聖能量的另一種展現方式。

　　因此，藉著奉行年輪慶典，威卡教徒取得與大地和神祇的和諧關係。他們重申自己在大地上的根源，在滿月的夜晚舉行儀式，也能特別加強他們與神祇的連繫。

---

21　吃素的威卡信徒也許不喜歡這部一分的薩溫節（立冬）象徵意義，但這是一項傳統。當然，我們不會真的在儀式中獻上動物當祭品——這個動作象徵男神的死亡。

　　明智的威卡教徒會慶祝年輪慶典和滿月慶典，因為這些日子就跟它們所象徵的力量一樣強大。用某種方法來頌揚它們（也許用類似於《巨石陣影子之書》所建議的儀式），是威卡教不可或缺的一部分。

# 9

## 重生螺旋

**輪**迴轉世似乎是今日最具爭議的心靈類話題之一，而且關於這個主題的書籍已經發行過好幾百本了，好像西方世界直到最近才發現這個古老的學說似的。

輪迴轉世是威卡教最寶貴的學說之一。此世只是許多世的其中之一，當肉體死亡時，我們仍繼續存在，只是轉生到另一個肉體之中──這項知識解答了許多問題，但也招來了一些其他的問題。

為什麼？為什麼我們會輪迴轉世？與許多其他宗教相同的是，威卡教告訴我們，**輪迴轉世是用來使我們的靈魂臻至完美的工具**。一世的生命不足以達到這個目標，所以，意識（靈魂）會重生許多次，每一世都會遭遇到一組不同的考驗，直到靈魂達到完美的境界。

沒有人敢說在達到這種完美的境界之前，需要經歷幾世的輪迴。我們是凡人，很容易沉淪於不進化的行為之中，貪婪、憤怒、嫉妒、沉迷，以及所有的負面情緒，都會抑制我們靈魂的成長。

## 在儀式中摧毀負面行為

在威卡教裡，我們追求身體、心智和靈魂的強化。當然，我們過的是完滿、富庶的俗世生活，但我們不傷害任何人，完全對立於競爭、恐嚇和追求第一。

靈魂是不朽、無性別、非物質的，並且具有神祇賦予的活力。每一個靈魂的表現形式（也就是靈魂在世間所佔用的軀體）都不相同，不會有兩個一樣的肉體或生命，假若不是如此，靈魂便會腐朽污濁。性別、種族、出生地、經濟地位，以及靈魂的每一個其他個體特徵，都決定於它前世的行為和今世所需經歷的考驗。

威卡思想中最為重要的是：**我們可以決定如何安排自己的人生**。面對我

們人生的考驗，我們沒有可以依賴的神明、咒語或命運的神秘力量。為了成長進化，我們要決定自己需要學些什麼，然後期望在轉世時，能夠為這個過程注入前進的動力。如果沒有，我們便會退回到黑暗之中。

有一種現象叫做「因果報應」，是學習每一世經驗的輔具。**因果報應常被誤解，它並不是一種賞罰系統，而是引導靈魂走向進化行為的現象**。所以，假使有一個人做了壞事，這些壞事終究會歸還給他。善有善報，此話銘記在心，就沒什麼做壞事的理由。

因果報應指的是行為，那是它作用的方式，它是一種工具，不是懲罰。沒有方法能夠「去除」因果報應，在我們生命中每一件看起來很可怕的事情，也不會都是因果報應的副產品。

只有意識到因果報應時，我們才能從中學習。許多人想藉著探索他們的前世來找出他們的過錯，揭露在此世是哪些問題阻礙了他們的進步。催眠和冥想技術會有所幫助，但真實的自我知識才是達成此目的的最佳工具。

退回到前世可能是件危險的事，因為存在著太多自欺欺人的狀況，我無法告訴你我遇過多少個穿著厚底網球鞋和牛仔褲趴趴走的克麗奧佩脫拉、亞瑟王、梅林、瑪莉、娜芙蒂蒂等歷史名人。我們一心想找出前世的化身，便很容易產生這類浪漫的想法。

假如這成了一個問題，假如你不想知道你的前世，或者缺乏找出前世的**工具，好好檢視你的今生就是了**。藉著檢視今生，你可以知曉關於你前世的一切。如果你在前世已經把問題清除乾淨，今生你就不用為它們煩惱，但假如沒有，那麼，同樣的問題還是會再出現，所以好好檢視你的今生吧。

到了晚上，仔細省思你白天的言行，留意正面、有益及負面的行為和想法。然後想想過去一週、過去一年、過去十年裡的言行。參考日記、日誌或你所保留下來、用來恢復記憶的舊信件。你還繼續犯同樣的錯誤嗎？如果是的話，就發誓在你自己設計的儀式裡絕對不要再重蹈覆轍。

在你的祭壇或神壇上，你可以拿一張紙把這些錯誤寫下來，項目可以包

括一些負面情緒、害怕、不加節制地放縱、允許別人控制你的生活、對他人迷戀不已但對方對你毫無感覺。當你寫下來時，你要一邊觀想自己過去（而不是現在）做這些事情的樣子。

接著，點一支蠟燭，把寫好的紙拿去燒，然後把它丟到大釜裡或其他耐熱的容器裡。尖叫、大喊，或者就是向自己保證，過去的那些行為不再是你的一部分。觀想你在未來生活中避免那些有害的、設限的、拘謹的行為。

必要時重複這個咒語，也許你可以在殘月的夜晚完成摧毀你生活中的這些負面行為。

如果此世你將進步的決心化為儀式來奉行，你的誓言會伴著力量而產生能量振動。當你受不了誘惑，又要回復以前的負面想法或行為時，回想一下儀式，並且用它的力量來克服衝動。

# 真正的認識輪迴

人死後會怎樣？只有軀體會死，但靈魂永存。有些威卡教徒說，靈魂會進入一個叫做仙境的地方，也有人說那個地方叫閃亮之境或青春之境[22]。這個地方既不是天堂也不是地獄，它就是一個比我們的現實還稀薄得多的非物質性現實。

有些威卡傳承會將它描述成一個永夏之境，綠草如茵、溪水潺潺，也許就是人類出現之前的世界。也有人認為它有點像一個沒有形式的地方，在那裡，能量漩渦與最偉大的能量（以天國身分呈現的神祇）共存。

據說，一個人能夠透過靈魂審視前世——也許是透過神祇的某些神秘方

---

22　這些都是凱爾特名詞。有些威卡信徒把這個地方叫做夏日之境，這是神智學的詞彙。

法。這不是對一個人靈魂的評判或評價，而是對前世化身的審視，然後揭露出被學習到、或被忽略的考驗。等到了適當的時間（此時在世間的一切情況都對了），靈魂會轉世，然後生命重新展開。

最後一個問題：人經過最後一次轉世之後會怎樣？

威卡學說在這一方面總是很含糊。基本上，威卡教徒說，在飛升到生死及重生螺旋之上後，功德圓滿的靈魂會永遠地破除並離開輪迴，然後與神祇為伍，不會有什麼被遺落，存在於我們靈魂中的能量，會回歸到它（在天堂）的源頭。

由於接受了輪迴轉世的觀念，所以威卡教徒並不害怕在死亡後失去知覺，人世間的生活永遠地被拋在身後。迴輪轉世被視為重生的一道門，所以我們的生命與形成星球四季的無盡循環，在象徵意義上是有所關連的。

**不要強迫自己接受輪迴轉世的觀念，知識遠比信仰重要的多**，因為信仰是無知的，不曾從大量研究中看看它能告訴你什麼，便將輪迴轉世接納為重要的信條，這樣的做法並不明智。

還有，輪迴轉世也許與我們所愛之人有強烈的關係，想想（例如）靈魂伴侶的說法，你在前世所愛之人註定將再與你相愛。儘管你的感覺和信念也許是真摯的，但那不一定是基於事實，不管現在與你有牽絆的是哪一個，在你的一生當中，你可能遇過五、六個覺得有相同牽繫的對象，但他們都是你的靈魂伴侶嗎？

這個觀念的其中一個困難點在於，假如我們都逃不掉與其他人的靈魂緊緊相繫的命運，假如我們要繼續與他們一起轉世，我們必定學不到任何東西。因此，宣告你已找到你的靈魂伴侶，就像表明你在轉世螺旋中不會進步一樣[23]。

---

23　我知道我又蹚渾水了。不過，我曾遇過許許多多做這種宣告的人——私底下告訴我：「天啊，我錯了。」

　　有一天你會知道（而不是相信），輪迴轉世就跟植物長花苞、開花、結果、掉落種籽、枯萎，然後依其形象再造一棵新植株一樣真實。輪迴轉世一開始也許是古人從觀察自然中憑直覺得知的。

　　在你做決定之前，你也許應該先深刻探究和思考輪迴轉世的學說。

# 10
## 關於入會儀式

大部分的薩滿和魔法宗教都會使用某種入會儀式，讓局外人成為宗教、社會、團體或巫師集會中被認可的成員。這樣的儀式也揭示了新成員的人生新方向。

威卡入會儀式已公開或私下進行過許多次了，而每一個威卡傳承分支都有自己的入會儀式，但可能會、也可能不會被其他的威卡教徒認同。不過，大多數的新入會者都同意：只要接受了入會儀式，這個人就可以成為威卡教徒。

這帶來了一個有趣的問題：是誰接受成為了第一個威卡教徒？

## 入會儀式的必須

大部分的入會儀式不過是表示，接受某個人進入巫師集會、接受新成員對神祇的奉獻罷了。**有時候力量就在教導者和新信徒之間「傳送」。**

在非威卡教徒的眼裡，入會儀式也許是一種改變信仰的儀式，但事實並非如此，威卡教不需要這樣的儀式。在奉行威卡教之前，我們曾與之調和的神祇，現在我們既不需要譴責祂們，也不需要背棄祂們。

對於仍秘密舉行儀式的威卡團體來說，入會儀式（在許多團體裡儀式會連續舉行三次）是極重要的事。進入一個像這樣團體的任何人，當然應該接受儀式的洗禮，其中一部分包含了發誓絕不洩漏秘密。這是有道理的，而且這也是許多巫師集會入會儀式的一部分，但它絕不是入會儀式的必要條件。

有很多人告訴我，他們想接受威卡入會儀式想得要死。他們似乎相信，沒有經過入會儀式的「認證」，就不能施行威卡魔法。如果你已經讀到這裡，你就知道事情並非如此。

直到大約十年前，威卡教還是一個封閉的宗教，但現在再也不是了。只要能讀、能懂，任何人都可以知道威卡教的內部組成。**威卡教的唯一秘密，在於它個別的儀式形式、咒語、神祇名稱等等。**

你不用為此感到困擾。關於威卡教的每一個秘密儀式或神祇名稱，都有（如果沒有幾百種，至少也有數十種）相關的出版品，很便於取得。在今日，我們比以前擁有更多的威卡教資訊。儘管它也許曾經是一個神秘的宗教，但今日的威卡教已是一個沒有什麼秘密的宗教了[24]。

不過在許多人的觀念中，入會儀式仍然是必要的，也許是認為有了這種魔法行為，他們才能被允許得到宇宙的秘密和未透露的力量。更糟的是，有些想法特別狹隘的威卡教徒說，神祇不會傾聽任何非巫師集會帶刀（儀式刀）成員的訴求。很多想要成為威卡教徒的人都這麼相信。

但事情不是這樣運作的。

真正的入會儀式並不是由一個人為他人執行的儀式，即使你接受「在入會儀式中教導者的內在充滿神性」的觀念，它仍然只是一個儀式。

**入會儀式是個人與神祇調和的一種過程**，也許是按部就班的，也許是即興的。許多威卡教徒會毫不猶豫地承認，入會儀式只是一個外在形式。真正的入會儀式往往發生在物質儀式的數週或數月之後，也或者是之前。

基於這個緣故，「真正的」威卡入會儀式可能發生在學生接觸到威卡巫師集會或導師的數年前。難道因為一個人沒有經歷過出自他人之手的正式儀式，他的入會儀式就比較沒效或不純正嗎？當然不是。

放心，從未遇過與宗教有關的另一個靈魂，而體驗到真正的威卡入會儀式，這是很有可能的，你甚至不會察覺到。你的生活也許一直在慢慢地把焦點放到某件事情上，直到你發現某天你注意到了小鳥和雲朵。你也許會在寂寞的夜晚凝視著月亮，和動植物說說話；日落可能為你帶來一段安靜的沉思時光。

或者，你可以隨著季節而改變，調整身體的能量去適應四周的自然環

---

24　有些團體會寫自己的「神秘」《影子之書》，並限制取得的方法。這麼做確實保障了它的神秘性，但它並沒有比其他的《影子之書》更古老或更好。

境。也許神祇在你的思想中歌唱，而你也許在真正領悟自己所做為何前先舉行過一些儀式。

當這些老方法已成為你生活中的一部分，而且你與神祇之間的關係已變得強韌時，當你備齊工具然後歡天喜地的執行儀式和魔法時，你就真正具備這種精神，可以理所當然地稱自己為「威卡教徒」。

# 是誰讓你成為威卡教徒？

你的目標也許是這樣，也或者你想再往前跨進一步，繼續追求成為一位導師什麼的。這樣很好，但是，如果你一直找不到一個目標，你至少會滿足於知道自己沒有傻傻的坐著等待神秘事物從天上掉下來。你會施做古魔法，並且與神祇溝通，重申自己將為了心靈上的進化而獻身於大地，並且將缺乏物質性入會儀式的事實轉換成一種正面的刺激，以改變你的人生和思考模式。

如果你在過程中接觸到一位導師或一個巫師集會，他們也許會發現你是一個值得接受的學生。但是，如果你發現他們的威卡教風格不適合你，或者與你的個性有所牴觸，別感到崩潰，在你繼續追尋時，你仍然可以倚靠自己的威卡教。

這可能是一條寂寞的道路，因為願意奉行老方法的人已經不多了。你花時間崇敬自然，但眼睜睜看著大地被大量的水泥悶到喘不過氣來，卻好像沒有人在乎，這是很令人沮喪的事情。

為了找到志趣相投的人，你或許想訂閱威卡教出版品，並且與全國各地的威卡教徒展開通訊。

請持續閱讀關於威卡教和女神的新書，隨時留意威卡世界所生發的事，蒐集和寫下新的儀式及咒語，因為威卡教從不墨守成規。

許多人想用自創的儀式將他們的生活與威卡教建立起正式的關係，為了

那些覺得有需要的人，我在第二部分單元裡納入了一個範例。我再次強調，要這麼做有一個很簡單的方法，如果你那麼渴望，你可以即興創作。

如果你決定邀請朋友和感興趣的人參加你的儀式，在你扮演「祭司」或「巫師」時，別把他們嚇得畏縮不前。邀他們一起參與，讓他們成為儀式和魔法中的一部分，運用你的想像力和實際經驗使他們融入儀式中。

當你看著日落和月出而感到一股莫名的喜悅，當你在沿著山脈或蜿蜒過田野的溪流而排列的樹林間看見神祇，當你在擾嚷的城市中感受到大地能量的脈動時，你已接受了真正的入會儀式，並且與古老的力量和神祇之道產生了連繫。

有人說：「只有威卡教徒才能使人成為威卡教徒。」

我說，**只有神祇才能讓人成為威卡教徒。**

誰比較夠資格？

# Section II
# 實作

# 11
## 練習與魔法技巧

以下是幾篇關於各種練習和程序的短文，這對你在威卡教和威卡魔法中的成長至為重要。這些活動每天花不了幾分鐘，但不應該被低估。有了這些活動做為構材，所有的威卡儀式和魔法儀式才能夠進行得自然流暢。

把它們變成你日常行事的一部分，這會讓你一天比一天進步。

# 鏡子之書

現在，一旦你讀完本段後，也許可以立刻開始著手「鏡子之書」。

這是關於你在威卡魔法進度上的魔法記錄本，它可以是上鎖的日記，或是以線圈裝訂的筆記本等任何本子。把關於威卡教的所有想法和感覺、閱讀感想、成功與失敗的魔法、疑惑和恐懼、別具意義的夢境，甚至平常擔心的事，都寫在裡頭。

這本書是你心靈生活的一面鏡子，因此它在評估你的威卡魔法和生活的進展上相當有價值。當你瀏覽這本書時，你會變成自己的老師。注意有問題的地方，並且想辦法解決。

我發現，記錄這種資訊的最佳時機是睡覺前。每個項目都要註明日期，然後，如果你想要的話，也可以包括月亮週期和任何可能有關的天文資訊（月相、日蝕、天氣等）。

威卡教的目標之一就是自我認識，鏡子之書是達到此目標的珍貴工具。

# 呼吸吐納

呼吸通常是一種我們終其一生持續執行的無意識行為。然而，在魔法和威卡教裡，呼吸吐納也可以是我們修養身體和進入另一種意識狀態的工具。

　　為了能夠正確的思考，你必須正確的呼吸吐納，這是運動中最基本的，很幸運地，也是最簡單的動作。

　　有技巧的深呼吸，需要用到整個肺部和橫膈膜。橫膈膜就位於胸腔下方約兩指寬的地方，當你吸氣時，這個區域會向外、向上挺起來。留意你能吸入多少空氣。

　　做呼吸練習時，要採取一個舒服的姿勢，無論坐或躺都可以（雖然幾乎每個姿勢都能做深呼吸）。稍微放鬆你的身體，透過鼻子吸氣，慢慢數到三、四或五……只要你覺得舒服就好。記住，要讓空氣充滿你的橫膈膜和肺，摒住呼氣，然後吐氣時一樣慢慢的數數。

　　這組動作重複數次，逐漸減緩你的呼吸速率。摒住呼吸時不要到達不舒適的程度。吸氣、摒氣和吐氣時應掌控得宜，保持平靜，不要緊張。

　　在做呼吸吐納時要專注在呼吸的過程上，當你吸氣時，就是吸入了愛、健康、寧靜，也許可以把這些正面能量觀想成灑上金粉的空氣。在吐氣時，便呼出了恨、疾病、憤怒，也許可以觀想成存在你肺部裡的黑煙。

　　氧氣是生命的氣息，是我們生存的必需條件，適當地呼吸吐納，你會成為一個更好的人，和更好的威卡教徒。在每次的崇拜儀式或魔法儀式之前做深呼吸，這是專注和觀想練習的一部分。當你感到憤怒快要在心裡爆發時做深呼吸，呼出怒氣，吸入平靜，這每次都有用──如果你願意一試的話。

　　每天練習做深呼吸，逐漸增加你的肺活量，可以的話，偶爾在近海處或森林裡、遠離城市髒空氣的地方做練習，是明智的做法。在這些自然環境中做深呼吸，不只可以讓你更平靜，也會更健康。

## 冥想

　　冥想是誘發完全放鬆的一項重要技巧。我們太少人能夠擁有不緊張和不

憂慮的片刻，所以，冥想是擺脫日常生活中的擔心和挫折，並且得到舒適放鬆的好方法。更重要的是，這是我們與神祇和我們自己溝通的寧靜時光，可以放鬆一直緊盯著心靈知覺的意識心智。

冥想通常進行於每一個魔法行為和崇敬儀式之前。

坐著是進行冥想的理想姿勢，尤其是對於在這種練習中容易睡著的人來說。坐在一張直背椅上，需要的話，拿一個枕頭墊在腰間做支撐。下巴微往內收，眼睛閉上，背挺直，雙手放在膝蓋上，手指放鬆。採取這個姿勢時，你應該要讓自己舒適和放鬆，脊椎挺直，軀幹豎直。如果你平常有姿勢不良的問題，可能要過一陣子，在採取這個姿勢時才會感到舒適。因此，要堅持不懈。

深呼吸幾次，放輕鬆，不要想其他事情。觀想日常生活中許多壓力和擔心的事情，都隨著你的呼吸排出體外，讓身體放鬆在椅子上。

現在，打開你的意識，使意識心智產生接收力和警覺性。與神祇溝通、談話，翻翻腦子裡所想到的神祇畫面，想要的話，可以吟誦其中一位神祇、或一群神祇的名字，這是輕鬆而迅速地進入昏暗世界的絕佳工具。

謹慎地選擇你做冥想的時間和地點，光線要盡量柔和，燭光是最棒的選擇。如果你要點蠟燭，可以用白色或藍色的。添上一點焚香也很好，但太多煙可能（顯然）會在做深呼吸時造成問題。

在每次的冥想之後，馬上在你的鏡子之書裡把所有的印象、想法和感覺都記錄下來。

## 觀想

這是魔法和威卡教所需的技巧中最基本、卻也是最先進的。用我們的腦子去「看」非實際存在事物的這門技巧，是許多威卡儀式中都會使用的一種強大魔法工具。

舉例來說，形成魔法圈需仰賴威卡教徒的能力，觀想個人力量湧出，在儀式區域的四周形成一團耀眼光芒。然後，這樣的觀想會引導出實際創造魔法圈的力量。但要知道，觀想本身不會創造魔法圈。

由於它在改變我們的態度和生活上是極有用處的，所以今日有許多關於觀想的書籍，而且每一本書都允諾要透露觀想的秘密。

幸運的是，幾乎所有人都擁有這種能力，也許並不精細，但熟能生巧。

在此刻，你能在腦海中看到你最好的朋友，或者你最不喜歡的演員嗎？又或者是你最常穿的衣服、你家的外觀、你的車子或你的浴室？

那就是觀想。**觀想是一種用心智去看的行為，而不是用眼睛。**魔法觀想是看見目前不存在的事物，它可以是一個魔法圈、一個痊癒的朋友，或一個有法力的幸運符。

我們可以從身體裡喚起能量，觀想它從手掌中流出來，然後形成一團發光的小球，就像做雪球一樣的塑造它，然後在腦海中如我們所願的看到它。

在魔法中，我可以召喚能量，與此同時，在腦海裡維持住一個我需要的東西的畫面——譬如說，一輛新車。我觀想車子，看見自己簽下了買車的契約書，開著它上路，把汽油加到油箱裡，然後付款。接著，我引導能量去賦予觀想力量——將觀想的情景付諸實現。

換句話說，觀想是在做力量的「程式設計」，我們可以把它解釋成是一種與心靈產生共鳴的魔法。我們創造的不是實際的影像，而是在腦海中創造畫面。

**肯定的說，思想就是事物，我們的思想影響了我們的生活品質。**如果我們不時地悲歎快要破產了，那麼就做十五分鐘的觀想，把錢召回我們的生活中，那十五分鐘的能量將能反轉一天裡二十三小時又四十五分鐘自我誘發的負面「程式設計」。因此，我們必須讓思想井然有序，向我們的欲望和需求看齊，而觀想在這方面是有幫助的。為了磨練這個工具，試試看以下簡單的習練，它們在威卡教裡是眾所皆知的。

## 練習一

舒適地坐下或躺下，閉上眼睛，放鬆身體。深呼吸，內心保持平靜。

你的腦子裡會不斷跳出一些畫面，選擇其中一個，然後就只想著它。除了你所選擇的畫面，不要讓其他影像干擾你。讓所有的思緒都圍繞著這個影像打轉，把這個畫面維持得愈久愈好，然後放開它，結束練習。

當你能夠維持住一個畫面超過幾分鐘以上的時間，就可以進行下一個步驟了。

## 練習二

選定一個影像，然後一直維持在腦海裡。你或許想具體實現它，請先研究一下，記住它的每一個細節——陰影在它身上呈現的方式、它的觸感，甚至氣味。你可以選擇一個小的立體形狀，如金字塔，或更複雜的影像，如海中升起的阿芙蘿黛蒂，或是成熟的蘋果。

經過徹底的研究之後，閉上你的眼睛，然後看著眼前的物體——彷彿你的眼睛是張開的。不要用肉眼再次看著物體，而要用你的魔法想像力——你觀想的力量。

當你能夠完美地維持這個影像達五分鐘，就繼續下一步。

## 練習三

這個練習更困難，而且它是自然中的真實魔法。

觀想某件事物，任何事物都可以，但最好是你從沒見過的。舉例來說，我們有一顆來自木星的蔬菜，它是紫色的、方形，一尺寬，外表覆蓋著四分之一吋長的綠色絨毛和半吋大的黃色斑點。當然，這只是一個例子。

現在，閉上你的眼睛，然後去看——在你的腦海中真正去看見這顆蔬菜。你正在用你的觀想能力（你的魔法想像力）創造它。讓那顆蔬菜成真，在你的腦海裡轉動它，你才能從每個角度去看它，然後讓它消失。

當你能夠將任何自創的影像維持大約五分鐘左右的時間，你就可以進行下一個練習。

## 練習四

這是最難的階段。

張開眼睛，在腦海裡維持你的自創影像（如那顆木星蔬菜），盡力維持，想像它是看得見、真實、可觸知的東西。你可以盯著一面牆、看著天空，或望著繁忙的街道，但必須要看到那顆蔬菜，要讓它真實到你能夠摸到它，試著把它放到桌上，或放到樹下的草地上。

如果我們要用觀想能力去創造這個世界上（而不是在眼皮下的幽暗區域裡）的變化，我們就必須張開眼睛練習這項技巧。觀想能力的真正考驗，在於我們有沒有能力使觀想物體（或結構）成真，並且成為我們世界的一部分。

當你對於這項練習已駕輕就熟時，接下來你會一路順遂。

## 能量操縱

在威卡教中，起作用的能量和魔法力量都是真實的，它們不是什麼來自靈界的東西，它們就在地球上，就在我們自身之內。它們維繫生命，我們每天耗盡我們的能量庫，然後透過所呼吸的空氣、所吃的食物，以及來自日月的力量完成補給。

　　要知道，這種力量是實質的。是的，它很神秘，但唯一的理由是，太少人對它做過魔法上的研究。以下是有助於你操縱能量的一些練習（你可以回頭參考第三章「魔法」）。

## 創造能量球

　　保持心情平靜，深呼吸。然後雙掌相互搓揉二十秒，剛開始時慢慢的，然後愈來愈快。感覺你的肌肉緊繃，感覺你的雙掌變熱。接著在突然間停止，讓雙掌相距約兩吋（約五公分）的距離。你感到雙掌刺痛嗎？那就是力量的顯現。

　　藉著搓揉雙掌和使用手臂、肩膀的肌肉，你就是在召喚能量——魔法力量。當你將雙掌分開時，能量會從你的雙掌流出。

　　如果你感覺不到任何東西，一天練習一到兩次，直到成功為止。記住，不要勉強自己去感受那種力量，更努力的嘗試不見得會有成果。放鬆並允許自己去感覺一直存在的東西。

　　在你真正感覺到這種能量後，就開始將它塑造成形。運用你的觀想能力去做，就在搓揉雙掌之後，趁著雙掌仍有刺痛感時，觀想一點點的能量（也許是電光般的藍色或紫色）從你的右（投射）掌進入你的左（接受）掌。如果你是左撇子，就把方向倒過來[25]。

　　現在，想像這個能量慢慢地以順時鐘方向在你的雙掌間旋轉。讓它形成一團發光、有脈動和魔法能量的球。看著它的外觀、它的顏色，感覺它在你

---

25　記得在科幻和奇幻電影裡看過魔法師從手中送出力量嗎？你記得那種力量在電影裡看起來是什麼樣子嗎？如果你要的話，可以使用類似的畫面去觀想從你手中流出的力量。雖然那是一種特殊效果，但這裡談的當然是真實的，我們可以利用畫面將力量真正的送出去。

手掌中的威力和熱度。這就是你從體內釋放出來的一點點能量，絕不是超自然現象。用雙手捧著那顆球，透過你的觀想讓它變大或變小。最後，把它塞入你胃裡，讓身體吸收回去。

這個練習不僅極有趣，而且是一項珍貴的魔法學習經驗。當你熟悉了能量球的技巧後，就進行下一步，去感受能量領域。

## 感受物質的能量

在任何一株植物前坐下或站著，藥草和開花的植物似乎效果最好。必要時，也可以用剪下的花朵。

深呼吸幾分鐘，並且澄清你的思想。把你的接受（左）手放在植物上方幾吋的地方，將你的意識固定到你的手掌上。你能感覺到手掌中有一股隱約的悸動、一絲的嗡嗡聲、一縷熱氣，或者就單純是能量的轉變嗎？你能感覺到植物內在強大的力量嗎？

假如有，很好，你已經感受到能量了。在你達成這項目標後，試著去感覺石頭和水晶的能量。譬如說，拿一顆水晶（石英晶體）放在桌上，把手放到它的上方。充滿感情地伸出你的手，去察覺看不見但存在於晶體內、正在脈動的能量。

記住，所有的自然物體都是神聖能量的顯現。藉著練習，我們能夠感覺存在於物體內在的力量。

如果你無法感受到這些力量，輕輕搓揉你的雙掌，讓雙掌變得敏感，然後再試試看。

這種能量與我們生氣、緊張、恐懼、高興或性欲高漲時所充滿的能量是相同的力量。這是用於魔法的力量，不管是從我們體內，或是從女神、男神、植物、石頭和其他物體中引導而來的，這就是我們運用於魔法中的萬物本質。

## 操作魔法能量

既然你已經感受到力量了，就用觀想去讓它運作起來。你不必靠著雙掌相互搓揉才能召喚能量——你只要專心想著召喚能量就行了。最簡單的方法之一是繃緊肌肉——讓你的身體緊繃起來。這會召喚能量，這也是為什麼我們在冥想時必須放鬆的原因。冥想會減弱我們的能量，並且讓我們在精神上漂離這個世界。

當你覺得自己的力量充滿到快要爆炸時，伸出你的右（投射）手，引導你的能量從身體裡流到手臂，然後再從手指流出去。運用你的觀想能力，真正看見並感覺能量的流出。

做練習時，站在家裡的某個地方，先建立起你內在的力量，然後將這分力量引導到每一個房間，觀想它沒入縫隙裡和牆壁中，以及門和窗戶周圍。你並不是在創造一個超自然防盜警報器，而是在創造一層魔法保護膜。所以，你要觀想能量正在形成一層無法穿越的圍籬，圍籬外沒有任何負面的東西或侵入者能夠跨越進來。

在「封」住房子之後，停止能量的流出，做法可以是觀想它停止了，並且搖搖手。感覺你投射出去的能量停留在牆壁裡，當你站在全新警戒的家中時，應該有一種安心、安全感流貫全身。

是的，這都是透過你的心智所做的，但也運用了力量。能量是真實的，你操縱能量的能力，決定了你的魔法圈和儀式的效果。

引導能量時請跟著感覺走，要每天練習。讓它成為一種魔法操縱，直到你不需要停下來想：「我能做到嗎？我能召喚力量嗎？」

你會知道你能夠做到的。

# 12
## 自我奉獻

如果你希望踏上威卡教的道路，或許是想把自己奉獻給神祇。這種自我奉獻，就是透過一種正式的儀式，讓你清楚地下決定展開新的生活──因為那就是威卡教的本質。

剛開始時我還在猶豫，要不要在此納入這樣的儀式，因為我覺得最好的奉獻儀式是自創的。我讀過、也聽過無數這樣的故事，是關於許多男女被威卡教吸引，但缺乏接觸巫師集會的管道或沒有指南書，於是他們點根蠟燭、喝點酒，然後向神祇傾訴他們的意願。那也許是最好的自我奉獻儀式：簡單而誠心。

不過，許多人還是覺得有個正式的儀式會比較放心，所以我在這一章的結尾提到了一個儀式。不過，這與出現在書本上的其他儀式大相逕庭，因為它是一項戶外儀式，必須專注於接觸神祇的能量。

這項儀式開放給想使用的所有人。不過，在考慮將自己奉獻給神祇之前，要確定你願意這麼做，以及你研究威卡教的程度，已達到知道這對你而言是正確的道路。

這意味著連續不斷的研究，閱讀每一本你所能找到的威卡相關書籍──好的壞的都要。訂閱威卡教和非基督教出版品，讓自己盡量熟悉威卡教。雖然有些作者覺得他們的傳統才是唯一真正的傳統，但別讓這一點阻止你閱讀他們的作品。同樣的，不必因為書上有寫，就統統照單全收。

除了閱讀之外，還要研究大自然。當你走在街道上時，看看掠過頭上的小鳥，或彎下腰來注視蟻窩，就像凝視著水晶球那樣，並用儀式來讚頌四季和月相。

你或許也想讓你的靈魂充滿音樂，如果是這樣的話，可以用電子郵件訂購一些在市面上販售的威卡音樂。可以話，每天花些時間聽聽大自然的音樂──到一個風吹拂過樹葉或樹幹的地方，聆聽水濺在頭上或打在海岸岩石上的聲音。仔細聽孤貓的叫聲，那預報著黎明將近。假如你很有天分，也可以自己創作音樂。

讓你的情感被觸動，無論是橫笛、直笛、鼓，或是小鳥、溪流和風。你進入威卡教的決定，不應該只是基於你個人的才智或情感，而是兩者融合的結果。

完成了之後，晚睡幾天，或在幾個早晨於黎明時起床。獨自一人，寫下（即使是用最不流利的句子）**你希望從威卡教得到什麼**。可以是心靈上的實現、與神祇更深層的關係、深刻理解你在這個世界的地位、把秩序帶到生命中的力量、調適於季節和大地的能力……等，要具體、堅決、完整。

如果你對這份清單不滿意，如果這份清單感覺不大真實，就從頭開始，不需要給別人看到。在鏡子之書裡謄寫下最後的版本，燒掉其他的草稿，就完成了。

清單出爐後，晚上或隔天早晨就再創造一張新的清單。在新的清單上寫下**你覺得自己可以為威卡教做些什麼**。

你或許會為此感到驚訝，但每一個宗教都是其附屬者的總和。威卡教不像大部分的正統宗教一樣想要你的錢，所以，不要寫「我月收入的百分之十」之類的話。這並不是因為威卡教將錢視為貶抑人格或非心靈性的東西，而是因為，大部分的既有宗教都太濫用和誤用錢財。

由於威卡教不譴責改變信仰、沒有領導性人物、神殿或核心組織，你或許會開始懷疑，自己能為威卡教做什麼？你能給的可多著呢！不只是你的時間、精力、忠誠等等，還有更多具體的東西。以下是一些建議：

## 你可以為威卡教做的事

參加全國威卡教或非基督教團體，像是「非基督教精神聯盟」（Pagan Spirit Alliance）。這能幫助你與志同道合的人進行社交，即使只是透過電子郵件或電話。參加一項每年舉辦於全國各地的威卡教或非基督教公開聚會。

捐獻給努力拯救我們星球的生態組織。我們每一天都在毒害地球，就好像我們可以糟蹋營地，然後遷移到別處去似的，但假如我們現在不採取行動，將來我們根本沒有地方可去。

捐錢給致力於打擊污染、拯救瀕臨絕種物種，以及使紊亂的發展重歸控制的可信賴組織，這都是你能為威卡教做的事。

還有，為餵飽飢民而奮鬥的組織也是一樣的。請記住一個基本的概念──**支持生命的一切都是神聖的。**

你也許會想開始做資源回收。多年來，我已經從我的垃圾中撿出了許多舊報紙、玻璃瓶和鋁罐。因為我住在大城市裡，所以附近有許多資源回收中心，有些中心會付錢給你，但最大的報償不是金錢。「我們正在幫助拯救地球的自然資源」，有這一層認知，才能體悟到它的報償。

如果你的住處附近沒有資源回收中心，就要特別留意你的垃圾。避免購買裝在塑膠容器裡的物品，白紙類產品優於有顏色的紙類──染料會加重我們溪流和河川的污染。限制或刪除塑膠袋、食物包裝袋和其他一次性塑膠製品的使用，這些塑膠製品不能被分解（生物分解）又花錢，而且可能在兩萬年後都還維持著它們的基本樣貌。

如果你正讀到這裡，並且問自己這和威卡教有什麼關係，就把書放下，別看了。或者，重讀一遍。

**威卡教（有一部分）的內涵是，把崇敬大自然的行為視為彰顯女神和男神的表現，而尊敬地球的方式之一，就是愛護她。**

遵循這些建議，找出你為威卡教奉獻的其他方法。提示：你為地球或我們在地球上的同胞所做的任何事，就是你為威卡教所做的事。

以下的自我奉獻儀式，並非設計用來使你成為一個威卡教徒──那會隨著時間和奉獻而到來（而不是透過入會儀式）。從一種神秘的角度來說，它是將你的個人能量與神祇的能量連結在一起的一個步驟。它是一個真正的魔法行為，假如運用得宜，便能夠永遠地改變你的人生。

如果你仍然猶豫不定，那就把這本書再讀一遍，你會知道自己什麼時候
準備好了。

# 自我奉獻的儀式

你的準備是洗個熱水澡。不妨加入約一湯匙的鹽和幾滴芳香精油，像是
檀香。

如果你沒有浴盆，淋浴也可以。把鹽加在毛巾上，滴幾滴精油，然後按
摩身體。假如你在海邊或河邊進行這項儀式，而且假如你很想的話，也可以
在海裡或河裡洗澡。

你可以在洗澡時準備下一項儀式。提高你的覺察力，深呼吸，淨化你的
心智和身體。

沐浴過後，擦乾身體，著衣，準備進行下一步驟。

到野外找一處你覺得安全的地方，那應該是一個不受他人打擾的舒適地
點，而且大地和各種元素的力量都很明顯，也許是山頂、荒野中的峽谷或洞
窟、濃密的森林、露出於海面的岩石，或是湖中央的寧靜孤島，即使是公園
或花園裡的僻靜區域也可以。就運用你的想像力，去找到那個地方吧。

除了一小瓶氣味芳香的精油外，你什麼都不用帶，檀香、乳香、肉桂或
任何其他香氣都可以。當你抵達做奉獻儀式的地方後，脫掉鞋子，然後靜靜
地坐一會兒。如果這趟旅程使你感到興奮，先讓你的心情平靜下來。做深呼
吸來恢復平靜，並且拋開亂七八糟的思緒，對你周遭的自然能量敞開胸懷。

當你恢復平靜之後，用一隻腳慢慢地站起來，仔細觀察四周的景色。此
刻，你正在尋找理想的位置，但別試圖去找它，你要對那個位置提高你的覺
察力即可。當你發現適合的位置時（你會知道的），坐下、跪下或躺下。把
精油放在你旁邊的地上，別站著——要接觸大地。

繼續深呼吸，去感覺你周圍的能量。用任何你想說的話召喚神祇，或者可以使用以下的召請文。在進行儀式前背下這些文字，這樣才能不費力的脫口而口，或者也可以即興創作：

噢，母神！
噢，父神！
請回應所有的神秘事物和未解之謎；
在這塊力量之地，我向祢的本質敞開胸懷。
在此時，在此刻，我改變了；
從此之後我步上威卡教的道路。
我將自己奉獻給祢，母神和父神！

（休息片刻，沉默，平靜，然後繼續：）

我將祢的能量吸入體內，
讓它們與我的能量摻和、混合、結合，
這樣，我才能看見大自然中的神性，神性中的大自然，
以及我的內在和其他一切內在的神性。
噢，偉大的女神，噢，偉大的男神，
讓我與祢的本質合而為一，
讓我與祢的本質合而為一，
讓我與祢的本質合而為一。

你也許覺得胸中充滿了多到快要爆發的力量和能量，也或許感到心平氣和；你也許感到一陣昏亂，腳下的大地也許正隨著能量而悸動與波動著。野外的動物，受到心靈事件的吸引，也許會現身而使你的儀式增添光輝。

　　無論發生什麼事，要知道你已敞開心胸，神祇也已聽見你。你內心應該感到有所不同，平靜，或就是強而有力。

女神　　　　　　男神

代表女神與男神的符號

　　在召請儀式之後，用一根手指沾些精油，在身上找個地方畫出這兩個符號（如上）。在哪裡畫都沒關係，你可以畫在胸膛、額頭、手臂或是腿上等任何地方。

　　在你塗油時，觀想這兩個符號沒入你的肉裡，在進入你的身體時發出光芒，然後消散為數百萬個小小的亮點。

　　正式的自我奉獻儀式到此結束。記得感謝神祇的聆聽，在離開奉獻之地前，坐下冥想片刻。

　　回家之後，用特別的方式慶祝一下。

# 13
## 儀式設計

本書的第三部分包含了一整套的威卡儀式。我在此納入儀式設計，原本無法取得《影子之書》的人就能夠擁有它，如此一應俱全，才能準備做實際的應用及研究。

但這不表示你需要奴從這些儀式，它們不是那種已經傳承了好幾年的傳統，而是基礎的威卡教《影子之書》的可用範例。

因為我希望你能夠任意寫下自己的儀式，或是隨需求而改進，所以我決定在這裡依序放入儀式設計這一章。

威卡儀式的結構並沒有什麼了不起的秘密，至少不再神秘。有些人說這是件好事，減少了威卡教的神秘性，但也有些人覺得這剝奪了宗教的傳奇性。我能夠理解這一點，但是（現在你也很清楚了）我也覺得，威卡教應該讓每個人都可以接觸得到。

放進這樣的一章，也許看起來很突兀，因為它是用理性、分析的角度，來討論心靈性的東西。就像我的朋友巴爾達曾經寫信跟我說：「威卡教很像一朵美麗的花，如果你一片一片剝下它的花瓣，去看看它是怎麼組合在一起的，你所擁有的仍然是朵花，但就是沒那麼漂亮了。」我希望在此能避免這種情況。

首先，我要給你一個能讓你自己組織儀式的整體性結構，這種結構可不是刻在石頭上的。以下九點中的大部分，都是威卡儀式的基本項目，儘管許多人只使用其中一些，但它們是讓你自己創造儀式的絕佳指南。

以下是威卡儀式的九項基本要素：

1. 淨化自己
2. 淨化空間
3. 創造神聖空間
4. 召請
5. 儀式觀察（在年輪慶典和滿月慶典中）
6. 召喚能量（在魔法中）

7. 能量接地
8. 感謝神祇
9. 解除魔法圈

# 淨化自己

這包含在第六章「儀式和儀式的準備」裡。大體上，它包括了沐浴、在身上塗抹精油、冥想、深呼吸，另外還有淨化身體、心智和靈魂，以及準備好做接下來的儀式。

這是一種真正的淨化，試圖甩掉你日常生活中的問題和思緒；這也是一個讓自己心平氣和的時刻。

雖然儀式性沐浴在威卡教中很普遍，但還有其他的方法可以淨化身體。例如，站在疾勁的風中，觀想疾風帶走了負面的想法和情緒。

或者利用音樂：輕輕擊鼓幾分鐘，是一種絕佳的淨化儀式（雖然你的鄰居對此也許有不同的看法）。

其他能用來淨化的樂器有：搖鈴、鑼、叉鈴（淨化水元素），和吉他、小提琴、豎琴、曼陀林（火元素的淨化樂器）。

強調淨化是有道理的，雖然我們的身體並不是靈界物體的溫床，但我們每天暴露在報紙和新聞上的屠殺與毀滅消息，以及自己的黑暗思想等負面事物中。所以，這些淨化儀式並不是要驅走惡魔或邪靈，它們只是幫我們擺脫一些負面事物。

在淨化自己時，記得也要淨化思想，好準備進行儀式。曾經有一位卡胡那（古夏威夷魔法、哲學、宗教和應用科技[26] 體系的專家）跟我說，當你想

---

26　像是建造獨木舟、航海術和藥草醫學。

著執行儀式的那一刻，你就在這麼做了。它已經在進行了，能量在移動，意識也在轉換當中。

在你做儀式淨化時，要知道你已經點燃蠟燭、設好魔法圈，並且召請神祇。別想著即將到來的儀式，因為它已經在進行了。

這樣說也許有點令人困惑，但它是訓練覺察力的絕佳工具。


# 淨化空間

戶外儀式空間很少需要淨化。然而，大部分的居住空間累積了「靈界垃圾」、一堆負面事物，以及在人類居所聚集起來的其他能量。因為這些能量可能具有破壞性，所以在實際著手前要先做區域的儀式淨化。

區域的儀式淨化分為兩種：室內儀式和戶外儀式。

對於在家裡的儀式，如果你獨自一人在家，就把門鎖起來，把電話筒從電話機上拿下來，拉上窗簾。你必須確定自己有絕對的隱私，並且在儀式中不會受到干擾。假如有其他人在家，告訴他們你不要被打擾，直到有進一步的通知。

假如這樣會有問題，室友或家人不讓你有自己的時間，那就在大家都在睡覺的深夜或清晨時刻進行儀式。

動手清潔地板，用一般的掃帚、吸塵器或拖把清理。完成清潔後，可以用老式的威卡工具（魔法掃帚）淨化地板。

你不需要讓掃帚的刷毛真正觸碰到地板。不過，動作要輕快，觀想掃帚正在掃除負面事物、災禍和心靈上亂七八糟的事情。你可以觀想掃帚射出火花，或者燃燒著藍色或紫色的強烈光芒，將負面事物燒成灰燼。觀想並且知道掃帚正在以魔法清掃房間，然後事實上就會是如此。

淨化儀式區域的另一個方法是撒鹽，只有鹽或摻和了百里香、迷迭香、

乳香、柯巴脂、鼠尾草或龍血的藥草粉末或樹脂[27]。另外，還要使用鹽水，點灑的動作會釋放出原本就存在於鹽和藥草裡的能量，這些能量會被你的儀式目的和觀想引導和增強，然後驅走干擾性能量。這都需要用力量來執行。

或者，一邊以順時鐘方向在儀式區域裡繞著走（也會走到四個方位上），一邊演奏樂器，這一般是用來提升淨化的等級。或者可以吟唱，聽起來特別像是你感受到所佈下的保護能量和淨化能量。你可以透過嘗試和提高心靈覺察力，來發現那些能量。

你也可以燃燒經證實具「淨化」特性的藥草來做為焚香，像是乳香、沒藥、鼠尾草、百里香或迷迭香，單獨或混搭使用皆可。用香來煙薰儀式空間，觀想它正在驅除負面的事物。

舉行戶外儀式時，不怎麼需要淨化，因為大部分自然環境裡的心靈污染，比我們的住所和其他建築物要少得多。用傳統的魔法掃帚輕輕地掃一下（在這個情況下，要真的掃掉落葉、小石子和負面事物），再加上你的觀想能力，這樣就足夠了。噴灑清水也可以，由於鹽可能對植物造成傷害，所以最好不要在戶外使用。


## 創造神聖空間

這一節包括佈置祭壇（不是永久性的）和形成魔法圈。在第七章的「魔法圈和祭壇」，我詳細的討論過這些話題，所以我在此只稍做說明。

雖然許多威卡教徒把他們的祭壇置於儀式區域的中央，而且就在魔法圈的中心點，但有些人不這麼做。有些人把祭壇放在魔法圈的其中一個「角

---

27　在為了魔法目的而使用任何藥草前，把它握在你的手中，然後，在觀想時將它融入於你「已設定好的」個人力量，這會提升藥草的效果。

落」，靠著魔法圈的邊緣，通常是在北方或東方。他們說，這樣比較方便沿著魔法圈移動，但我發現正好相反。此外，那會限制你用來形成魔法圈的可能方法。

你要把祭壇擺在中央或邊緣都沒關係，所以，可以兩種都試一下，然後找出哪種最適合你。

我使用兩種祭壇，一種是永久的，另一種只為儀式而設立。我總是把祭壇擺在魔法圈的中央，面朝北方，因為這對我來說比較熟悉。此外，如果我把它放在魔法圈的北端，我可能會把它踢倒。

現在來談談魔法圈，或者又叫做「力量圈」。你會在《巨石陣影子之書》裡看到一種魔法圈的形式，還有其他許多形式，而且，的確，特殊形式的魔法圈不能用在每一個情況中，而在這些各種不同的版本裡，或許會有一個投你所好（或是比較適合你的儀式空間）。

第一個魔法圈，相較於其他因素，更加重地取決於你的觀想和魔法能力，因為除了你的心智之外，無法使用到其他工具。

為了幫助你觀想，用紫色細繩或其他物品在地上標記出魔法圈的圓周，然後站在祭壇前或圓圈的中央（在戶外儀式裡，你也許不會用祭壇）。面對東方或你喜歡的方位，建立你內在的力量。當力量達到一個適當的程度時（多練習就會知道），讓你的投射手掌心朝下，與腰部等高，將手指指向要劃的魔法圈的邊緣。

去看且去感受能量從你的指尖流出來，變成一道震顫的紫藍色光芒。以順時鐘方向緩慢地繞著圈圈走，把力量推出去，用你的觀想力讓它形成一團旋轉的閃亮魔光，跟你的魔法圈一樣大（通常直徑是九呎〔約二點七公尺〕或更小）這個魔法圈應該要包圍著你和祭壇。

當這一團光芒在空中盤旋時，用你的觀想力伸展它，看著它膨脹、變大，讓它形成一個包圍著儀式區域的圓頂。它應該要碰到正好與你的繩圈（如果有的話）相接的地上。

現在，將這個能量向下擴展到泥土裡，直到它形成一個完整的球形，而你就站在正中央。

這個魔法圈應該是一個真正、鮮活的發光體。去感覺它的能量，感覺魔法圈的邊緣，感覺它裡面和外面震顫的差異。與一般的威卡學說不同的是，把你的手伸進或穿越魔法球體，並不會造成靈界損害，就像是穿越佈在你家周圍的防護層一樣。畢竟，大部分的魔法圈都是這樣設計的，假如你站在圈圈的邊緣，你的頭和你一半的軀幹會伸出於它的範圍之外。

穿越魔法圈，頂多會給你一點能量激盪，但這也會讓魔法圈消失。假如發生的話，重新再做一個就是了。

當包圍你的魔法圈看起來完整又堅固時，把你的投射手向上翻轉，就能切斷從它流出來的能量。關掉能量流，假如有必要的話，搖搖手來切斷它。

接下來，你也許想召請魔法圈的四個方位的管理者。關於這四個管理者，有各種的威卡學說和見解，有些人認為他們跟元素有關，所以東方的「精靈」或管理者與風有關，南方是火，西方是水，北方是土。

但是，有些威卡教徒不把他們視為大自然裡的必要元素，而是從古時候就被派守在那兒的守衛或管理員，也許是在很久以前就被女神和男神創造出來了。

還有些威卡教徒將他們視為強大的神祇，當他們還是人類時，在輪迴轉世的路途上不斷盤旋上升，直到臻至完美，這使他們得以「與神祇為鄰」。

也許，最好的方法是與這些能量接觸，讓你自己去發現。不管你怎麼看待這些管理者，在召請時要對他們敞開胸懷。在建立魔法圈時，不要只是說些話或觀想顏色，要召請他們蒞臨。請繃緊你的覺察力，要知道他們是否已到達現場。

有太多威卡教徒嘴裡說著連自己都不知其真實效用的話，要知道，詞語是威卡儀式裡最不重要的部分——除了促進儀式意識的用途。

在召請管理者時不需要用到詞語，不過在適當地陳述時，詞語是訓練注

意力、集中覺察力，以及煽動情緒的工具。你可以使用本書建立魔法圈那一節的召請儀式，或者寫下你自己的召請儀式。

如果要在儀式中離開魔法圈，便要關出一條路（參見第三部分）。這樣能保留魔法圈周圍的能量流，除了你所清出的一小段區域。透過這個方法，你可以穿越到外面的世界，而不用過度干擾魔法圈的其他部分。只要記得，回來之後要關閉它。

另一種形式較簡單的魔法圈結構，是利用身體活動去召喚能量，而且更容易做——如果你對召喚能量很不在行的話。站在要劃出的魔法圈的邊緣，面向北方。向右轉，然後慢慢走，用你的雙腳標記出魔法圈的邊緣[28]。

當你繼續儀式的步伐時，你可以吟誦女神或男神的名字，也可以同時吟誦兩者的名字。你也可以想著祂們就在現場，或著你只要將注意力放在身體正在發出的能量上。如果你已經把祭壇放到魔法圈的一側，當你經過它時，就向內縮幾吋。

繼續以順時鐘方向移動，但和緩地增加速度，能量會自你的體內流出，然後被你的動力負載著，隨著你在圓形的路徑上移動。

再移動得快一些，去感覺在你體內流動的能量，也許你會有一種像是在水裡走路的感覺——當你釋放能量時，能量會隨著你而移動。感覺你的個人力量正在創造一個圍繞著祭壇的能量球。當能量球已建立穩固時，就召請四個方位的管理者，儀式就可以開始了。

上述的兩種方法，對於會用到魔法圈的儀式來說都很理想，但對於純粹的宗教儀式來說，結構那麼嚴謹的心靈能量並不是絕對必要的。雖然魔法圈被認為是「兩個世界的中間地帶」，也是與神祇會面的場域，但我們不需要

---

28　在北半球，除了在某些驅邪的儀式裡，大部分的威卡信徒在魔法圈內會以順時鐘方向移動。在澳洲和南半球的其他地方，魔法圈也許以逆時鐘方向設置，很顯然這是太陽移動的方向。

創造一個那麼心靈性的神殿，來和大自然的神祇溝通；當然，像叫寵物那般呼喚時，祂們也不會出現。威卡儀式不用在其他方面，而是用來擴展我們對神祇的覺察力。因此，我們不一定每次都要設置複雜的魔法圈（如第三部分裡的那種），尤其我們通常不可能建立起戶外儀式的魔法圈。幸運的是，我們有簡單的魔法圈可用。

在設置戶外的魔法圈時，所需要的也許不過就是在四個方位各放置一支點燃的焚香。從北方開始，然後依順時鐘方向移動，召請方位管理者。

也可以用手指、魔杖或白柄刀在沙地或泥巴地上劃出圈圈。這種做法很適合用在海邊儀式和森林儀式上。

或者，你也許想用物品標記出魔法圈的邊緣，那麼植物特別適合：春天用鮮花，冬天用松木和冬青（請參見《巨石陣影子之書》中的「藥草魔法書」）。其他可用的方式是，用小鵝卵石或水晶圍成一個圓圈。

有些威卡教徒會傾倒某種物質來形成一個沒缺口的小圓圈，做為界定儀式空間的方法。在以順時鐘方向移動時，一邊傾倒磨成粉的藥草、麵粉（如古中東儀式和現代巫毒教儀式中所使用的）、碾碎的彩色礦石、沙子或鹽巴。如同之前所提到的，也可以用繩子圍成一個圓圈。

關於建立魔法圈的更多資訊，請參考《巨石陣影子之書》。

# 召請

從某些方面來說，這是所有威卡儀式的重心，而且也確實是唯一必要的部分。威卡儀式是用來與神祇的力量調和，其他的都只是虛飾[29]。

---

29  當然，雖然儀式也應該促進儀式意識。戶外儀式很少需要召請神祇，因為威卡信徒已經在自然呈現的神祇的圍繞下了。

「召請」一詞不應太依照字面解釋，它通常指的是口說的祈禱文或詩詞，但也可能包含音樂、舞蹈、動作和歌曲。

在《巨石陣影子之書》裡有幾篇對神祇的召請文，在設計你自己的儀式時，請盡量使用，但要記住，即興創作的召請文往往比古祈禱文更有效。

如果你真的寫了召請文，也許會想入詩。其實，千百年來的魔法傳統，已證實了詩的價值，因為詩讓召請文更容易背誦。

押韻也能觸及到潛意識心智或通靈心智，它會使我們以社會、物質、才智為依據的心智變得迷糊、遲鈍，然後讓我們悄悄進入儀式意識中。

在真正召請神祇時，如果你忘了一個詞，或唸錯字什麼的，或者腦筋一片空白，別咒罵，這種狀況很自然，而且通常是疲勞、壓力所造成，或在形成魔法圈時，想在言詞上表現得完美的徵兆。

召請儀式需要你願意向神祇敞開心胸，但不一定要是一種原始的形式。大多數儀式都以召請做為開端，這就某種意義來說，是個關鍵時刻。如果召請做得並不真誠，就無法與神祇產生聯繫，那麼接下來的儀式，便只不過是形式而已。

我們應該不只是在儀式中召請神祇，而是要在生活中的每一天都能夠實踐。記住：**威卡儀式的實踐不限於滿月或慶典——它是一種不分晝夜的生活方式。**

從比較偏向形上學的角度來說，召請是一種雙向並進的行為，它不只召請神祇，它也喚醒我們（轉換我們的知覺）神性的那一部分——我們不可侵犯、不可改變的本質：我們與古老神祇的聯繫。

換句話說，當你在召請神祇時，你所召喚的不只是一種較崇高的力量，也是在召喚你內在固有的神性、存在於所有生物內在那渺如星火的神聖能量。

在所有神祇背後的那些力量是合而為一的，它們存在於所有人類的內在。這說明了，為什麼所有宗教的核心都能融合在一起，以及為什麼那些宗教都能服務各自的追隨者。

假如接近神祇的正確方式只有一種可能，那麼理想的宗教也只會有一個，但事實並非如此。

神祇存在於我們內在的這個概念，也許似乎太自大（我們都具有神性！），但唯有從一個不平衡的觀點來看才會這樣。是的，當有些人領會到這個觀點時，他們開始行動得彷彿他們就是神一般。了解神性存在於所有其他人類之中，有助於將這個觀念帶到一個平衡點上。

從某方面來說，雖然我們是不朽的（我們的靈魂當然是），但我們也是有壽盡之時的凡人，並非是所有宗教所崇敬的萬能、永恆、卓越的生靈。

以愛和真誠召請神祇，你的儀式會在上天的祝福下圓滿成功。

# 儀式觀察

如果儀式是舉行在年輪慶典和滿月慶典時，那麼儀式觀察通常緊接在召請之後。它可以是一個冥想儀式、過渡儀式、感恩儀式，或就是一些溝通的時刻，這些情況有些適合做儀式觀察，有些不適合。

在做這些儀式時，你不必顯得陰沉、嚴肅或古板，許多威卡教徒對他們的宗教很嚴肅，但那不表示神祇也是嚴肅的[30]，歡笑自有其儀式及魔法功能。舉例來說，對一則咒語真心歡笑，可能會摧毀它的效果，因為歡笑會在你周圍建立起具威力的保護性能量，沒有任何負面的能量能夠穿透它。歡笑會釋放極大量的個人力量。

---

30 大部分的威卡信徒都有偏好的魔法圈惡運故事，我的其中一則發生於主持儀式時。我把土元素管理者的名字唸錯了（把 Ghob 唸成 Goob），結果雙頭斧從祭壇掉到地板上，在召喚力量的期間，我的雙手也撞上懸在祭壇上方的吊燈，以致那次的儀式顯得很滑稽。

所以，當你打弄撒鹽巴、打翻蠟燭、點不燃焚香和忘記祝禱文時，便一笑置之，重新開始就是了。太多威卡教的新人把他們認為宗教是嚴肅、莊重的想法帶入魔法圈裡，但其實這些想法對威卡教來說是格格不入的。

把這些想法拋諸腦後，威卡教是個和平且快樂的宗教，而且，是的，甚至是歡笑的宗教。威卡儀式不需要浮誇的作風，除非就是想那麼做。

# 召喚能量

在實務上，這是魔法──自然能量的移動，以造成所需的改變。你可以在大部分的威卡儀式中召喚能量，儘管這很少被認為是必要的。不過，滿月、夏至、冬至、春分、秋分，是執行魔法的典型時間，因為有額外在活動中的大地能量，可以用來增強你魔法的效果。

不過，這不表示威卡儀式只是施展魔法的一個藉口，雖然在八大力量日裡執行魔法是最理想的（的確，這是一項傳統），但許多威卡教徒並不那麼做，他們比較喜歡用調和及慶祝來取代魔法。

然而，威卡教和大部分的其他宗教之間的主要差異，在於威卡教接受魔法，而不只是掌握在特定的教士手上（由教士操作奇蹟，其他人觀看），而是要所有人都能夠舉行威卡儀式。因此，在大部分的威卡儀式中，在召請和儀式觀察之後，可以靠著清楚的意識來施展魔法。

在施展魔法時，要確定你的需求是真實的，並在情感上要很投入於這個需求當中，而且你知道自己的魔法將會起作用。有些最簡單的咒語，也是最有效的咒語，而這些年來，我往往偏好使用彩色蠟燭、精油和藥草，來做為能量的焦點。

執行魔法的方法有無數種，找出最適合自己的方法就對了。

我在其他地方寫過，魔法就是魔法，在一般的文字意義上，魔法並不具

宗教性。然而在威卡教裡，在召請神祇、要求祂們現身、以及借助祂們的力量來完成任務時，通常會使用魔法。正因為如此，威卡魔法才具有宗教性。

魔法圈（或魔法球）是在召喚能量期間用來維持力量的。在以最古老的方法（跳舞、不停的吟唱、觀想等等）組織好用於咒語的力量時，威卡教徒會試著將力量制約在體內，直到力量達到巔峰狀態，此時力量被釋放出來，送往它的目標。要完全維持留住這個力量是很困難的（尤其在跳舞時），所以才要利用魔法圈來完成這項工作。然而，一旦你將力量釋放了出來，魔法圈就再也不會阻擋能量流向它的目標。

在行使魔法時，魔法圈並不是必要的，雖然在你召請神祇幫助時，魔法圈能確保你接收到的力量會適當地被保留住，直到你決定將它送往下一處。

無論你在魔法圈裡施展什麼類型的魔法，都可以請神祇來幫助你、答應你的請求，或是增強你自己的力量[31]。這麼一來，你就是在擴展對內在神祇的覺察力，打通一條讓神聖的能量流過的通道。

儀式結束後，說些感謝神祇的話，可以點根蠟燭，或在供盤裡或地上留下食物或飲料做為供品。

關於「邪惡」的魔法，這裡應該找不到相關描述。不用說，任何設計用來傷害或控制別的生靈的魔法（即使你覺得那樣對他們最好），都是負面的魔法。這會讓你被負面的魔法反噬，負面的魔法並不是威卡魔法。

一旦你完成了魔法活動，停下來休息片刻，凝視著放在祭壇上代表神祇的蠟燭或祂們的肖像。你也可以看著從焚香中升起的煙，或裝著鮮花的碗，想著神祇和你的關係，以及你在宇宙間的地位。藉著轉移注意力，把所有關於儀式的想法全都擠出你的腦袋。

假如你確實把力量釋放出去了，你也許會感到精疲力盡，那就坐下來好好放鬆一會兒，這個時刻正好用來沉思，便能順利地進行到下一個儀式步驟。

---

31　只要請求是正面的就好。

# 能量接地

在你將能量送出去後，殘留的力量通常會在你體內橫衝直撞，而且仍有絲毫的能量還留在魔法圈裡。這個時候，應該接地或者重新設定，讓殘餘的能量順暢地返回你正常的能量系統中。即使你已經不再施展魔法，在結束儀式前，仍建議做接地的動作，因為這個步驟也有它神聖的層面，尤其是當它含有餐飲時。

有些威卡教徒把這個步驟叫做「蛋糕與酒」或「蛋糕與啤酒」。在《巨石陣影子之書》裡，我稱它為「薄宴」（The Simple Feast）。其實內容都一樣——透過儀式宴飲來放鬆在儀式中產生的出神狀態。

攝食會讓你的身體進入一種不同的模式，因為食物是大地的產物，所以它會和緩地將我們的意識帶回物質現實當中。**食物是神聖能量的展現，攝食則是一種真實交融的形式。**

這一餐可以是由餅乾和牛奶、果汁和麵包、起司和酒等組成的輕食，也許還有傳統的新月形蛋糕（事實上是餅乾）和酒（請參考《巨石陣影子之書》裡的「食譜」），這些都可以。食物在食用之前通常要請神祇賜福，你可以在《巨石陣影子之書》裡找到相關的儀式範例。

在攝食之前，先請神祇享用一小部分，把蛋糕屑撒在地上，再滴幾滴飲料到地上就行了。假如是在戶外，把這些東西放到一只特製的奠酒碗裡。在儀式結束後，盡快將它的內容物埋到外面的土裡即可。

不過，做能量接地還有其他的方法。

嚐一點鹽，然後把它撒在魔法圈的四周。你也可以試著觀想，把多餘的能量看成一種紫色的薄霧，懸盪在魔法圈裡和你的體內。拿起一個工具之類的東西（巫刃、石頭、五芒星等等），然後觀想它正在吸收多餘的能量（也試著用你的接受手拿著這個工具）。在清除魔法圈後，你可以恢復正常的感覺，放下工具。

在用巫刃（儀式刀）這麼做時，多餘的能量可以用在施咒和形成魔法圈上。可能的方法太多了，有些威卡教徒會把蠟燭存放在祭壇下方，然後把多餘的能量送進蠟燭裡。

## 感謝神祇

威卡儀式的下一步包括感謝神祇現身於你的魔法圈裡和參與。

這可以用一種特定的方式來完成，如加上動作的吟唱或音樂，或者當場即興創作。

有些威卡教徒把這個步驟視為送神，但我對這種想法感到厭惡。你能想像有些微不足道的威卡教徒跟神祇說祂們可以離開了嗎？[32]

感謝祂們的降臨，並請祂們下次再來。就這樣。

## 解除魔法圈

你用來把一個區域或空間回復到它的正常狀態的方法，取決於當初你設置魔法圈的方式。如果你使用的是《巨石陣影子之書》裡的方法，就用裡頭伴隨的儀式來關閉它。在這一節裡，我們會檢視之前在「創造神聖空間」裡提到的解除魔法圈方式。

第一種方法的魔法圈是觀想出來的，繞著你和祭壇旋轉，是最簡單的一種。感謝管理者參與儀式，再次站到祭壇前，伸出你的接受手（假如你是左撇子，就是右手），觀想你正在吸收創造魔法圈的能量，感覺能量正在沒入

---

32　此外，祂們從未離開。祂們存在於我們內在，也存在於自然萬物之內。

你的手掌中，然後沒入你的體內。你也可以用巫刃來「切斷」魔法圈，觀想它的力量湧流回刀刃和刀柄中。

接下來的方法會冒犯到有些威卡教徒，但它所根據的是正統的威卡學說。如果你是以順時鐘方向繞著祭壇走來創造魔法圈，解除魔法圈時就站在北方，然後慢慢地以逆時鐘方向移向西方、南方、東方，最後再回到北方。在你移動時，把能量從魔法圈裡吸引到你的體內[33]。

對於其他類型的魔法圈，要用某些方法「破除」或解除它們。如果你用石頭繞著祭壇圍成一圈，就把石頭拿起來；如果是用花朵或綠色植物標記祭壇的直徑，就移除它們，並掃掉以藥草、鹽巴或麵粉圍成的圈圈。

不管你使用的是哪一種方法，都要感謝四個方位管理者的現身，並邀請他們還要觀看以後的儀式。

當魔法圈解除後，放下儀式工具，如果你有使用鹽和水（如《巨石陣影子之書》裡奉獻儀式中所使用的），剩下的鹽就留待下次使用，但要把水倒到大地裸面上。奠酒碗裡的供品應該要和香灰一起埋起來，儘管這些剩下的東西有時也會被保留到下次的施咒和儀式中使用。

不用馬上撤掉祭壇，可以把它放著一整天或一整晚。當你開始收拾工具時，等到最後再熄滅蠟燭是一種很好的象徵。使用滅燭蓋、你的手指或白柄刀的刀刃（每次使用後要清掉燭蠟和燻煙）。從四個方位的蠟燭和任何你使用過的蠟燭開始，然後熄滅男神的燭芯，最後是女神的蠟燭。

這樣，你的儀式就結束了。

---

33　赤道以南的人會這樣做，而且所有解除魔法圈的動作都是以完全相反的方向進行。有些威卡信徒相信，任何逆時鐘方向的移動都是負面的，但它用在這裡是基於一個健全的理由，而且，的確，以這種方法破除魔法圈至少是我所知道的一項威卡教傳統。如果當你以逆時鐘方向踏步時覺得不自在，就依順時鐘方向行走，然後把能量收回體內。

# Section Ⅲ
# 巨石陣影子之書

# 巨石陣影子之書
## 簡介

這部份是一本完整的《影子之書》，現成可用。

幾年前我就寫好了它的許多內容，給想要學習威卡魔法但對巫師集會又不得其門而入的學生。這裡當然沒有什麼秘密，我也沒有仿效其他傳承會，除了一些最普遍的方法。

我對這本《影子之書》盡量不做評論、評註和註解。如果你在閱讀或運用這些儀式時有問題，就盡你所能地去解決。遇到不熟悉的詞彙，可以檢索詞彙表。

請記得，這只是其中一本《影子之書》，還有數不盡的其他版本，每一本都有優缺點，而這些書中，有些已部分或全部付梓出版。

我要重申，這並不是什麼神聖的文件，它也不含有啟示性的文章。我用了有點浪漫、新奇的風格來寫作，希望這能夠激發你的想像力。

記住，《影子之書》不是一成不變的。所以，就盡量以任何理由去做任何改變，或是把這本《影子之書》當做一個範本，來寫你自己的《影子之書》吧！另外，我並未意圖為威卡教開創一個新的傳統。

書裡的儀式是為個人所設計，如果是團體的話，會需要一些改變。

為什麼要用「巨石陣」呢？英國和歐洲的巨石遺址一直讓我很著迷，巨石圈和巨石柱會勾引起我的想像力。我不禁猜想，它們的遠古創造者所使用的是什麼樣的儀式？[34]

這個系統的魔法圈設置，重點圍繞在心靈石圈的建立上，當然，也還有物質性的。如果你覺得這個想法不好，自己改變儀式就是了，而且絕對不要害怕這麼做——你不會灰飛煙滅的。

神祇不會帶著憤怒降臨，除非你用了需要以血、死屍或活物的獻祭，或者使用順了你的心意去傷害或折磨他人的魔法。

---

34　這些不是德魯伊教的東西。德魯伊教在一千年後才出現，而且和這種巨石陣遺址沒有關係。抱歉！

在進行這些儀式或其他儀式時，記得以觀想、感知和移動力量，去感覺神祇的現身。如果你不這麼做的話，所有的儀式都只是形式而已。

我希望這本《影子之書》能勾起你的想像力，並且在威卡教的道路上給予你指引。

我已經為有興趣的人開啟了一條道路。

祝福各位！

給智者的話

噢，大地上的兒女們，要崇敬神祇，便能得到生命圓滿的祝福。

要知道，是祂們引導你看到這些文章，因為這裡有提供給智慧守護者和滿足祂們的威卡教方法，祂們是知識聖焰的看管人。用愛和歡樂來運作儀式，神祇會以所有你需要的來賜福予你。但是，運用黑魔法的人會遭到祂們最嚴厲的懲罰。

記住，你是奉行威卡教的人，不要再有任何懷疑。你已經走上了光明的道路，翻越重重陰影，到達存在的最高領域。但是，雖然我們是真相的持有者，但別人卻不一定願意來分享我們的知識，所以，我們會在被黑暗包圍的夜空裡，於月光下進行儀式。不過，我們很快樂。

**全力以赴的活著，因為那就是生命的目的**。無需壓抑我們在人世間的生活，我們從中開始學習和了解，直到我們到達重生以學習更多的時刻。重複這個循環，直到我們攀上完美之路，終至能將神祇稱為我們的同類。

走過田野和森林，藉著受冷風的吹拂和觸摸搖曳的花朵來重振精神。日月在古老的荒野中歌唱：無人的海岸、荒涼的沙漠、水勢壯闊的瀑布。我們在大地上生活，便應該尊敬大地，所以，向她表達敬意吧！

在適當的日子和季節舉行儀式，在適合的時間召喚神祇，但只有在必要時才能運用力量，千萬不要只是為了好玩。要知道，為了傷害他人的目的而使用力量，這件事本身就是曲解了生命的意義。

但是，對於那些有愛也展現出愛的人，豐富的生命將會是你的獎賞，大自然會為你慶賀。

所以，要敬愛神祇，別傷害任何人！

## 我們生存的本質

盡可能常在森林裡、海邊、荒涼的山巔，或是寧靜的湖邊舉行儀式。假

如不可能做到，花園或房間也可以——如果已經備好薰香和鮮花的話。如果你願意，去書籍、罕見抄本和晦澀詩中尋找智慧，但也可以在石頭、嬌弱的藥草和野鳥的鳴聲中尋求。假如你想找到魔法的話，就傾聽風的低語和水的怒吼，因為古老的秘密就被保存在這些地方。

書中有文字，而樹木中有能量，以及書本連做夢也想不到的智慧。

千萬記住，古老的方法不斷地向世人顯露自己，因此要像彎著腰隨風擺盪的楊柳般謙卑接受。保持不變的或許會活得長久，但能夠演進及成長的，則會發光千百年。

不可能有什麼人能夠獨佔智慧，所以要和尋求威卡魔法的人分享你所知道的方法，但對於想毀滅威卡魔法的人，要隱瞞住神秘學說，否則只會徒增破壞。

別嘲笑別人的儀式或咒語，因為誰敢說你的力量更強大或更有智慧呢？

**確定你的行為是高尚的，因為你所做的一切，無論善惡，都會以三倍奉還給你。**

要當心想要支配你的人，他會控制和操弄你所做的事和對神祇的敬意。對神祇的真正敬愛，是發自於內心的。要懂得質疑為了利益和誇耀，而欲扭曲你崇敬神的真心的人，但要欣然接受充滿愛心的男女祭司。

尊重所有的生物，因為我們和鳥、魚、蜜蜂都是同類。不要摧毀生命，除非是為了維持你自己的生命，這就是我們生存的本質。


# 太初時代

在太初時代，只有一個神祇，那個神祇便是萬物，萬物便是神祇。

我們所知道的浩瀚空間就是宇宙，也就是那個萬物合一的神祇，祂無所不知，無所不在，無所不能，無時無刻不在改變。

然後空間移動了，萬物合一的神祇把能量塑造成兩個一模一樣的形式，雖然相等，但也相反。祂們是女神和男神，出自於萬物合一的神祇，也是祂的一部分。

女神和男神舒展肢體，向萬物合一的神祇致謝，但是黑暗籠罩著祂們，祂們是孤單的，除了還存在的萬物合一的神祇。

所以，祂們用能量形成氣體，氣體再形成恆星、行星和衛星。祂們把旋轉的星球散佈在宇宙間，一切的形成都出自於女神和男神之手。

光明升起，天空被無數個太陽照亮。很滿意於自己傑作的女神和男神，既歡喜又相愛，兩者合為一體。

祂們從結合中撒下了所有生命的種子，也撒下了人類的種子，所以我們才能在凡世間輪迴轉世。

女神選擇月亮做為她的象徵，而男神選擇太陽，以此提醒大地上的居住者，祂們的創造者是誰。

萬物在太陽和月亮下出生、生活、死亡和重生；一切的發生，都在萬物合一的神祇的授意和祝福之下，就像太初的存在方式一樣。

## 女神之歌

（根據摩根[35]所做的召請文）

我是偉大的母神，

受萬物愛戴，存在於他們出現在這個世界之前。

---

35　她是一位女祭司，也是我的第一位老師。這一篇和後面的「召喚男神」不限定只用在儀式中，當你考慮學習更多關於神祇之事時，也可以用於奉獻的目的。或是在儀式中使用時，插入「她」和「他」，並且做些其他的小改變，使整篇文章符合這些變化。

我具有原始的女性力量，永恆且無窮盡。

我是貞潔的月亮女神，是具有一切魔法的神女。
風與飄動的樹葉，在歌唱我的名字。
我把新月戴在眉稍，
我的雙足立在布滿星星的天空。
我是未解之謎，探索神秘的嶄新之路就在眼前。
我是未經耕耘的田野，
信我而歡欣，你將體會全然的青春。

我是神聖的母神，是仁慈的豐收女神。
我披著深奧、奇妙的大地奇蹟，
和結著累累穀粒的黃金田野。
大地的季節由我掌管，
萬物根據季節開花結果，
我給予萬物庇祐和療癒。
我是賜予生命的母神，富饒而豐產。

敬我如老嫗，那死亡與重生的完整循環的守護者。
我司管月亮，與她形影不離。
我掌管世上的男男女女，
撫慰疲憊的靈魂，使之振作。
雖然陰沉的死亡是我掌管的領域，
但出生的喜悅，是我的贈禮。

我是月亮、大地和海洋的女神。

我有各種名字和力量。
我帶來魔法與力量，和平與智慧。
我是永恆的少女、萬物之母，和黑暗老嫗，
賜予你無盡的愛，是我的祝福。

## 男神之歌

我是天堂光芒四射的王，
我讓大地充滿溫暖，
並鼓勵那隱藏起來的生靈種子，
努力發芽，展露於世。
我高舉閃亮的矛，照亮生靈萬物，
每天用金色的陽光照耀大地，
使黑暗的力量，倉皇竄逃。

我是野地裡自由走獸的主宰。
我與迅捷的雄鹿齊奔跑，
如聖鷹般對著微亮的天空鳴嘯。
古老的森林與荒野散發著我的力量，
天空中的鳥鳴歌頌著我的聖潔。

我也是秋季的收穫，
在農家舉起鐮刀的時刻，貢獻穀物和果實，
使萬物得到滋養。
沒有耕耘，便沒有收穫，
冬季不去，何來春天？

敬我為名稱無數的宇宙太陽，

原野中頂著角冠的雄鹿的靈魂，源源不絕的收穫。

看著我出生、死亡、重生的每年節氣循環——

便知曉這就是萬物的命運。

我是生命的火花，光芒四射的太陽，

寧靜與安詳的賜予者，

我以祝福的光芒溫暖萬物的心，

鞏固萬物的心靈。

# 巨石圈

巨石圈用於戶外儀式，可用來喚起能量、冥想等等。

首先，用儀式掃帚清理儀式區域。

你會需要四個巨大而扁平的石頭來擺出這個陣，但如果你一個也找不到，則可以用蠟燭標記出巨石圈的四個紅點，用白色或紫色的蠟燭，或是與四個方位有關的顏色的蠟燭——北方是綠色，東方是黃色，南方是紅色，西方是藍色。

先在朝北的方位擺上第一顆石頭（或蠟燭），代表北方石頭的靈魂。在儀式中，當你召請石頭的靈魂時，實際上你是在召請那個方位的所有居住者，包括各種元素能量。

把北方的石頭（蠟燭）擺好後，再依序擺上東方、南方和西方的石頭（蠟燭）。

完成後，大致上應該呈現出一個正方形的樣子，差不多包圍著工作區。這個正方形代表我們所生存的物質星球——地球。

現在，拿一條紫色或白色的長繩[36]擺出一個圓形，利用四個方位的石頭或蠟燭來引導你。想要流暢的完成這項工作，會需要一點練習。擺放繩子時，應該讓石頭保持在圓圈內。

完成後你便有一個正方形和一個圓形，圓形代表心靈現實。所以，這是內方外圓，一個物質現實與心靈現實互相滲透的場域。

這個圓圈的大小從五到二十呎（一點五至六公尺）都可以，就看空間大小和你想要的規模。

接著，設立祭壇。以下是建議使用的工具：

- 女神的象徵物（蠟燭、有孔的石頭，雕像）
- 男神的象徵物（蠟燭、橡子、雕像）
- 巫刃（儀式刀）
- 魔法棒

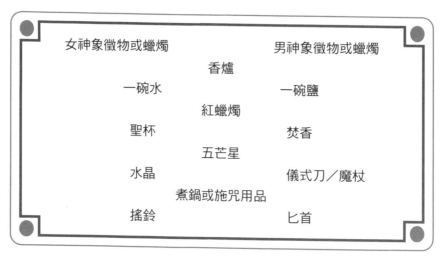

建議的祭壇擺設

---

36　可以是紗線製成的。

- 香爐
- 五芒星
- 一碗水（泉水、雨水或自來水）
- 一碗鹽（也可以放在五芒星上）
- 焚香
- 鮮花和綠葉
- 一支放在燭臺上的紅蠟燭（假如沒有使用方位蠟燭的話）
- 儀式所需的任何其他工具或物品，或魔法活動

根據這裡所示範的擺設或是你自己的設計來設立祭壇，還有，要確定已準備好足夠的火柴，和一個小型的防燙容器來裝用過的火柴。在燃燒焚香時，會需要用到一塊炭磚（耐火磚）。

點燃蠟燭，讓焚香冒出薰煙，舉起儀式刀，讓刀刃碰到水，口中唸著：

> 我潔淨這碗祭祀用的水，
> 使它淨化，適合
> 置於神聖的巨石圈中。
> 以母神和父神之名[37]
> 我聖化此水。

一邊做時，要一邊觀想你的刀正從水中揮掉所有的負面事情。用刀尖觸碰鹽巴，一邊唸著：

> 我庇佑此鹽，讓它適合
> 置於神聖的巨石圈中。

---

37 如果你正在與特定的神祇建立關係，在這裡用他們的名字來取代。

以母神和父神之名，
我聖化此鹽。

現在面向北方，站在以繩子標記的圓圈邊緣。拿起你的巫刃，刀尖朝外，與腰同高。沿著圓的邊緣以順時鐘方向緩緩前進，你的雙腳剛好在繩圈內，用你的話和能量來加持它，利用從刀刃流出來的力量創造魔法圈——透過你的觀想能力。

當你在移動時，把能量展開，直到形成一個包圍著工作區域的完整圓形，一半在地上，一半在地下。此時一邊唸著：

這裡是巨石圈的界線，
唯有愛能夠進入此圈，
唯有愛能從圈裡浮現。
古老的眾神啊，請灌注祢們的力量！

當你回到北方時，把巫刃放回祭壇上。拿起鹽，沿著圓圈撒下，從北方開始，到北方結束，以順時鐘方向進行。接下來，端著冒煙的香爐繞著圓圈行走，然後是拿南方位上的蠟燭或祭壇上點燃的紅色蠟燭繞行，最後沿著圓圈灑水。不要只是端著東西走，要去感覺那些東西正在淨化這個圈圈。現在，巨石圈已被封住了。

站在魔法圈邊緣北方的位置，將魔杖拿高，然後說：

噢，北方之石的靈魂，
古老的大地神靈，
我召喚祢到此魔法圈裡，
用祢的力量為它加持，古老的神靈！

一邊說時，一邊觀想一層綠色的薄霧升起，緩緩瀰漫到北方的角落，越過了石頭，這是土元素的能量。當神靈現身時，把魔杖放低，移向東方，再度舉起來，然後說：

噢，東方之石的靈魂，

古老的風之神靈，

我召喚祢到此魔法圈裡，

用祢的力量為它加持，古老的神靈！

觀想代表風能量的黃色薄霧升起，放下魔杖，移向南方，再舉起來，唸誦以下的話，觀想你看見代表火焰的緋紅色薄霧：

噢，南方之石的靈魂，

古老的火焰神靈，

我召喚祢到此魔法圈裡，

用祢的力量為它加持，古老的神靈！

最後，向著西方舉起魔杖：

噢，西方之石的靈魂，

古老的水之神靈，

我召喚祢到此魔法圈裡，

用祢的力量為它加持，古老的神靈！

觀想代表水的本質的藍色薄霧升起。

魔法圈活生生的圍繞著你呼吸，石頭的靈魂現身。

去感覺那些能量，觀想魔法圈在發光，並且在力量中成長。

站著不動，好好的感受片刻。

石頭魔法圈完成了，此時可以召喚神祇，行使魔法。

# 闢出一條路

有時候也許你必須離開魔法圈。當然，這沒關係，但如之前所說，通過魔法圈會消除它的效力。為了避免這種事情發生，在傳統上我們會闢出一條道路。

進行時，面向東方，拿起你的巫刃，刀尖朝下，接近地面。

看到並且感覺到魔法圈在你眼前，用巫刃刺穿它的能量牆，劃出一道拱門，高度足以讓你穿過，然後以逆時鐘方向沿著圓圈移動大約三呎（約九十一公分）的距離。將巫刃舉起，刀尖移到拱門中央，然後向下劃，直到接近地面。

一邊做時，一邊觀想巫刃正在吸收魔法圈的能量，這樣會創造出一個缺口，供人出入這個魔法圈。然後把巫刃從牆上拔出來，現在你可以自由地走出去了。

再次回來之後，必須把巫刃放在拱門的東北角[38]來關起這道門。用你的巫刃，再次沿著圓周以順時鐘方向移動，就好像把巨石圈的那一部分重新再畫上一樣。

再一次觀想藍色或紫色的能量從刀刃上閃燃出來，與魔法圈的其餘部分融合在一起。

這樣就完成了。

---

38　傳統的方向。在有些巫師集會中，成員會從這個點進出魔法圈。

## 解除魔法圈

一旦儀式結束後，面向北方，舉起魔杖，然後說：

再會，北方之石的神靈，

我感謝祢的降臨。

請帶著力量離去。

向東方、南方、西方重複同樣的說法，但對於不同的方位要用適當的字來取代。然後回到北方，把魔杖舉起片刻。

然後把魔杖放回祭壇上，拿起巫刃，刀刃與腰部等高，站在北方，刺穿魔法圈的圍牆。沿著圓圈以順時鐘方向移動，觀想它的力量正被吸回刀內，慢慢地把力量收回刀刃和刀柄中。感覺魔法圈正在消散、縮小，外面的世界緩緩地取回它在那個區域的支配地位。

當你又回到北方時，魔法圈已不復存在。

## 觀想巨石圈

如果你想的話，在形成巨石圈時，可以利用以下的觀想來輔助：

做準備時一如往常，靠近北方，把北方之石（或蠟燭）放在地面上，然後觀想一塊石板豎立在北方之石後距離左側兩呎（約六十公分）的地方。觀想它是藍灰色的、兩呎寬、兩呎厚、六呎（約一點八公尺）高，這塊石板代表女神（參見下頁圖示）。

當石板真正呈現在眼前時（在你的觀想中），就創造另一塊同樣大小和顏色的石板，位於北方之石右側兩呎的地方，這塊石板代表男神。

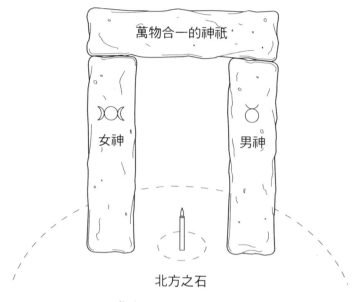

北方三石堆之觀想畫面

　　現在，觀想頂石放在兩塊立石的上方，大約是兩呎乘以五呎（約一點五公尺）的大小，這代表存在於女神和男神之前的萬物合一的神祇，是所有力量和魔法的源頭。

　　現在北方三石堆完成了。

　　這些石板形成一道拱門，是通往土元素領域的象徵和通道。

　　堅定地觀想著，然後望穿由石板形成的拱門，你將看見大地能量的綠色薄霧。

　　重複這整個過程來創造東方、南方和西方的拱門，觀想從每個三石堆中看到適當的元素顏色。

　　現在來淨化鹽和水，像平常一樣設置魔法圈，然後端起鹽、香爐、蠟燭和水沿著圓圈移動。

　　當你接近每一個方位時，召喚它的石之靈魂，在你腦海中堅定地看見三

石堆，觀想它的輝煌壯麗，看著元素薄霧在它們內部暗暗翻騰、扭動。將你的情感延伸出去，去感覺每個石頭的靈魂的到來，然後繼續進行下一個步驟。

　　經過練習之後，就能夠駕輕就熟，但這樣的觀想並不是必要的。

## 頌詞

　　　　願萬物合一的神祇的力量——

　　　　萬物的源頭，

　　　　無所不在，無所不能，永恆不朽；

　　　　願女神——月之神女，

　　　　和男神——日之有角獵人，

　　　　願石之靈魂的力量——元素領域的主宰，

　　　　願頭上的星辰和腳下的大地，以祂們的力量，

　　　　賜福這個地方，這個時刻，以及追隨祢的我。[39]

## 薄宴

　　以雙手舉起一杯酒或其他飲品，向天空致意，並且說：

　　　　高貴的富饒女神，

　　　　請賜福於這杯酒，注入祢的愛。

---

39　頌詞可以用在任何類型的儀式的開始，做為一般性的召請，之後可以個別召請女神和男神。

以祢之名，母神及父神，
我賜福於這杯酒（或茶、果汁等）。

以雙手捧起一盤蛋糕（或麵包、餅乾），舉向天空，並且說：

強大的收穫男神，
請賜福於這些蛋糕，注入祢的愛。
以祢之名，母神及父神，
我賜福於這些蛋糕（或麵包）[40]。

## 聖化器物

點燃蠟燭，讓焚香冒出薰煙，擺好巨石圈。把工具放到五芒星上，或擺上一碗鹽。用巫刃的刀尖（或是你的投射手）觸碰它，然後說：

我助你聖化，噢，鋼之刀（或木之魔杖等等），
清潔你、淨化你，在這石頭圈內為我所用。
以母神和父神之名，
你已聖化。

把投射出去的能量送到工具裡，清除它所有的負面事情和過往的關係。

---

40　薄宴通常舉行在年輪慶典和滿月慶典的尾聲。這是歐洲農村在農耕儀式期間所舉行的野宴中，一種比較平靜肅穆的版本。除了酒以外，還有許多飲品可以使用；請參見食譜的章節。

現在把它拿起來,在上面撒點鹽,讓它穿入焚香的薰煙裡,穿過蠟燭的火焰,然後灑上水,召喚石之靈魂來聖化它。

接著把工具舉向天空,說:

> 我以古老的神靈,
> 以萬能的母神和父神,
> 以日、月、星辰的美德,
> 以土、風、火和水,
> 那些我想透過祢而得到的一切力量,
> 以祢的力量為它加持,古老的神靈![41]

應該立即使用工具,以強化及結合聖化結果。舉例來說,巫刃可以用來聖化另一項工具,魔杖可以用來召請女神,在聖化的過程中,五芒星可以做為放置工具的地方。


# 滿月儀式

在夜晚進行這項儀式,並盡量在看得到月亮的地方。祭壇上適合的擺設有新月狀物品、白色鮮花、銀器及其他象徵月亮的東西。也可以在祭壇上放上一顆水晶球,或者,如果你喜歡的話,可以用一只裝滿水的大釜(或小型的白碗或銀碗),並且在水中放入一件銀器。

佈置祭壇,點燃蠟燭和焚香,然後擺上巨石圈。

---

41　在這個聖化儀式裡所用的詞語,基本上是依據《索羅門之鑰》裡頭的一篇召請文,跟許多威卡傳統中所使用的詞語很類似。

　　站在壇之前，用頌詞和／或任何其他召請文來召請女神和男神（參見《影子之書》裡的「祈禱文、頌詞和召請文」）。

　　現在，如果可以的話，凝視著月亮，感覺它的能量沒入你的體內，感覺它涼冷的女神能量正在用力量和愛洗滌你。

　　現在，唸誦以下或類似的詞句：

　　　　奇妙的月之女神，

　　　　祢用鍍銀的吻迎接薄暮，

　　　　祢是夜晚和所有魔法的主宰，

　　　　祢在夜空中駕著雲朵，

　　　　向陰寒的大地灑下月光。

　　　　噢，月之女神，

　　　　新月女神，

　　　　影子的製造者和破壞者，

　　　　過去和現在神秘事件的揭露者，

　　　　海洋的操縱者和女性的管理者，

　　　　全智的月之母神，

　　　　祢在天國的珠寶，

　　　　力量漸漸豐碩，

　　　　我用讚美祢的儀式來迎接它。

　　　　我在月下祈求，

　　　　我在月下祈求，

　　　　我在月下祈求⋯⋯

　　反覆吟誦「我在月下祈求」，你想唸多久都可以。如果你想的話，可以觀想女神，也許她是一個高大、健壯、戴著銀製首飾，和穿著輕柔波狀、帶

有皺褶的白衣的女性。也許在她的眉稍有一彎新月，或者拿著一顆發光的銀白色球體，在兩手間拋來拋去。她與她的愛人——太陽神，在永恆的循環中跨過永恆夜空的星野，她所經之處灑滿了月光。她眉開眼笑，肌膚又白又清透，光輝照人。

現在是行使各種魔法的時刻，因為滿月表示它的力量達到高點，所有正面的施咒都能具有威力。

滿月也是做冥想、鏡子魔法和心靈活動的絕佳時機，因為它們在魔法圈裡的結果往往更為成功。特別推薦水晶球顯像占卜，在進行儀式前，先讓水晶球吸飽月光。如果你沒有水晶球，就用裝滿水的大釜，並且在水裡放入一件銀器。凝視著水（或者銀器上閃爍的月亮）來喚醒你的心靈知覺。

在隨後的薄宴中，能喝的月亮飲品有檸檬汁、牛奶或白酒，新月蛋糕也很傳統。感謝女神及男神，然後解除魔法圈。

到此結束。

# 季節性的節日

# 冬至（大約在十二月二十一日）

以松木、迷迭香、月桂、杜松和雪松等常綠植物裝飾祭壇，也可以用同樣的植物去標記巨石圈。祭壇上可以擺放乾樹葉。

大釜要以防燙墊放在祭壇上（如果太大的話，就放在祭壇之前），而且應該注入可燃性烈酒（酒精），或是在裡頭放一支紅蠟燭。舉行戶外儀式時，在大釜裡升火，讓它在儀式期間一直燃燒著。

佈置祭壇，點燃蠟燭和焚香，擺上巨石圈。引用 157 頁的頌詞[42]，召請女神和男神。站在大釜前凝視著它，唸誦以下或類似的詞句：

我不傷悲，儘管世界已沉睡。
我不傷悲，儘管寒風凜冽。
我不傷悲，儘管霜雪沉重。
我不傷悲，冬季應轉瞬即逝。

用長火柴或紙媒點燃煮鍋裡的火（或蠟燭），在火光躍起時說：

我因崇敬祢而點燃這火，母神。
祢創造生命，讓世上不是只有死亡；
祢創造溫暖，讓世上不是只有寒冷；
太陽再度復活，光明的時間愈來愈長。
歡迎永遠會再度歸來的太陽神！
為萬物之母歡呼！

---

42 再說一遍，可以使用「祈禱文、頌詞和召請文」、181 頁裡的任何召請文，或者你自己的詞句。

以順時鐘方向緩緩的繞著祭壇和大釜移動，眼睛盯著火光。有時候口裡唸著：

　　巨輪轉動，力量燃燒。

思索太陽以及在冬季裡因休眠而隱藏起來的能量，不只是大地上的能量，還有我們體內的能量。把出生視為生命的延續，而不是生命的開端。歡迎男神的回歸。

經過一段時間之後，停下來，然後再次站到祭壇和火光熠熠的大釜前，誦念：

　　偉大的太陽神，
　　我歡迎祢的歸來，
　　願祢將閃耀的光芒照向女神，
　　願祢將閃耀的光芒照向大地，
　　撒下種籽，使大地孕育萬物。
　　願祢擁有一切的福祉，
　　重生的太陽神！

如果需要的話，之後可以再施展魔法，然後舉行薄宴來慶祝，並解除魔法圈。

## 關於冬至

冬至期間的傳統活動之一是製作聖誕樹。可以用活的盆栽，之後還可以種到地上，也可以用砍下來的樹，由你自己決定。

自己動手做適宜的威卡裝飾會很有趣，從做花環用的一串串乾玫瑰花苞和肉桂棒（或爆米花和蔓越莓），到懸掛在樹枝上的香包。可以用亮絲線把水晶纏起來，然後懸吊在牢固的樹枝上，當做垂冰。把蘋果、橘子和檸檬懸吊在樹枝上，是超漂亮的自然裝飾，也是古時候的習慣。

有很多人喜歡燒聖誕木的習俗，它生動的呈現出男神在母神的聖火內重生的故事。

如果你也想燒木頭，要選擇適當的木柴（傳統上用的是橡木或松木）。你可以用白柄刀在上頭刻上或用粉筆畫上太陽（像是散發光芒的圓盤）或男神的圖案（有角的圓形或男性的圖案），然後於冬至的薄暮時分，在壁爐裡點燃它。在木柴燃燒時，觀想太陽在裡頭散發著光芒，並且想著即將到來的溫暖和煦時光。

至於食物，堅果、如蘋果和梨子等水果、用浸在蘋果醋裡的葛縷子做的蛋糕，和豬肉（非素食者），都是傳統的飲食。瓦塞爾（Wassail，是歐洲最為古老和傳統的一種聖誕酒飲）、羊毛飲（Lambswool，一種飲品名稱，據信是因其表面淡色浮沫的外觀而得此名）、木槿茶或薑茶，都是適合薄宴或冬至時的飲品。

# 火炬節（立春）（二月二日）

這是節氣的象徵，代表性的物品有雪花、白色鮮花，或是在水晶容器裡裝一些雪，這些都適合擺在祭壇上。也可以放置一根未點燃、抹上麝香、肉桂、乳香或迷迭香精油的橘色蠟燭。

待雪融解後，可以在擺設魔法圈時當水用。

佈置祭壇，點燃蠟燭和焚香，擺上石頭圈。引用 157 頁的頌詞，召請女神和男神。唸誦以下或類似的詞句：

今日是火炬節（立春），
此時每盞燈火通明、閃耀，
以迎接男神的重生。
我頌揚女神，
我頌揚男神，
在那休眠的遮衣下
整個大地都在頌揚。

用祭壇上（或是魔法圈的南方點）的紅色蠟燭點燃橘色的細蠟燭，以順時鐘方向緩緩移動，帶著那支蠟燭，唸誦以下或類似的詞句：

寒冬覆蓋了所有的陸地，
空氣冰冷，
霜覆大地。
但是太陽神，
司管動物和曠野的長角男神，
未曾謀面的祢
自仁慈的母神中重生，
那孕育萬物的神女。
為偉大的男神喝采！
喝采又歡迎！

在祭壇前停下來，舉起蠟燭，凝視著它的火焰。觀想你的生命充滿了創造力，具有煥然一新的能量和力量。

如果你需要檢視未來或過去，現在是最理想的時機。如果需要的話，之後可以施展魔法，然後舉行薄宴來慶祝，解除魔法圈。

# 關於火炬節（立春）

在日落或儀式剛結束的時候，點燃室內的每一盞燈（只有片刻也行），這是火炬節的一個傳統。或者，點燃每個房間的蠟燭，來頌揚太陽的重生。又或者，點上一盞有紅色玻璃燈罩的煤油燈，放在家裡顯眼的地方，或放在窗臺上。

假如戶外的地上舖著雪，就在雪地裡走一會兒，回憶夏天的溫暖。用你的投射手，在雪地上畫一個太陽的圖形。

這一天適合的食物包括乳製品，因為火炬節是慶祝生小牛的節日，可以吃含酸乳的菜餚。以辛香和味道濃郁的食物來頌揚太陽，也同樣協調。咖哩和所有以胡椒、洋蔥、韭菜、青蔥、大蒜或細香蔥做的菜餚都很適合。調味酒和含有葡萄乾的菜餚（都是象徵太陽的食物）也很傳統。

# 春分（大約在三月二十一日）

應在祭壇上擺一些鮮花，也要放在魔法圈的周圍，並且鋪蓋在地面上。煮鍋裡可以裝些泉水和鮮花，也可以將花苞和花穿戴在身上。祭壇上應該放一株小盆栽。

佈置祭壇，點燃蠟燭和焚香，擺上石頭圈。引用 157 頁的頌詞，用任何你喜歡的詞句召請女神和男神。站在祭壇前，凝視那株盆栽，同時唸誦：

> 噢，偉大的女神，
> 祢已將自己從冬天那冰寒的監牢中釋放出來。
> 此時一片翠綠，微風中飄著芬芳的花香。
> 這就是開始。

> 生命藉由祢的魔法而更新，大地女神。
>
> 男神伸展四肢，然後甦醒，青春氣盛，
>
> 爆發的力量中，已讓人嗅到夏季的氣息。

觸碰那株植物，與它的能量產生聯繫，透過它，與一切的自然產生聯繫。利用你的觀想能力，從它葉片的內部游移到主幹──從你意識的中心點向外通過手臂和手指，然後進入植株裡。

探索它內在的自然，感受它內在生命運作過程的神奇，過一段時間之後，仍然觸碰著那株植物，說：

> 我不以統治者自居，而以友誼與大地為伍，
>
> 母神和父神
>
> 透過這株植物灌輸我
>
> 應予萬物的溫暖。
>
> 教導我尊敬大地和它所有的寶藏。
>
> 願我永誌不忘。

思索季節的變化，去感覺在你周圍大地上的能量的甦醒。如果需要的話，之後可以施展魔法，然後舉行薄宴來慶祝，解除魔法圈。

## 關於春分

傳統的春分消遣：到田野間隨機蒐集野花[43]，或是到花店裡購買，挑一、

---

43　在摘採前先感謝它們的奉獻，用像是《影子之書》裡「藥草魔法書」的採集慣用語。

兩種你喜歡的。帶回家後利用書、你的直覺、擺錘或其他工具來判別它們的魔法意義。你所選擇的花，將揭露你的內在想法和情感。

在這個生命新生的時刻，規劃一次散步（或騎車）穿過花園、公園、林地、森林或其他綠地，這是很重要的，不只是一種運動，而且你不該兼顧其他事情。

它甚至不只是對大自然的欣賞，你要興高采烈地散步，這也是獻給大自然的一種儀式。

其他的傳統活動，包括種植種籽、在魔法花園從事園藝，和做與藥草有關的各種形式的工作——魔法、醫藥、美妝、烹飪和藝術。

適合這個節日的食物（你的三餐與節氣連成一氣，是與大自然調和的一個好方法），包括含有種籽（如葵花籽、南瓜籽、芝麻、松子等）的菜餚。此外，就跟綠色葉菜一樣，芽菜也很適合。以花朵製成的點心，像是金蓮花鑲餡或康乃馨杯子蛋糕，也是佔有一席之地的[44]。

# 朔火節（立夏）（四月三十日或五月一日）

可以的話，在森林裡或靠近一株活樹的地方慶祝朔火節。如果不可能，就把一株小樹放到魔法圈裡，盆栽最為理想，可以是任何類型的樹。

做一個小吊飾，掛在樹上頌揚女神和男神的婚禮，如果想要的話，可以做好幾個。這些小吊飾可以是裝著香花的袋子、珠串、雕刻品、花環——只要是你的才氣和想像力可以變化出來的。

---

44　找一本以花入菜的食譜，或直接做成風味杯子蛋糕。在每個蛋糕表面塗上粉色糖霜，然後放上一片新鮮的康乃馨花瓣。把奶油起司、碎堅果、細香蔥和西洋菜混合在一起做成金蓮花的餡。這些都是炙手可熱的點心！

佈置祭壇，點燃蠟燭和焚香，擺上石頭圈，引用 157 頁的頌詞，召請女神和男神。站在祭壇前，舉起魔法棒，說：

> 噢，母神，
> 夜晚和大地的女王；
> 噢，父神，白日和森林的王，
> 我讚頌祢們的結合，此時
> 自然也在色彩與生命的熱烈光輝中慶祝。
> 母神和父神，
> 請接受我讚頌祢們結合的饋贈。

把吊飾掛到樹上。

> 祢們的結合使生命躍然新生，
> 豐富的生物覆蓋大地，
> 清風拂來，清新甜美，
> 噢，古老的神靈，我與祢同慶！

需要的話，之後可以施展魔法，然後舉行薄宴來慶祝，解除魔法圈。

## 關於朔火節（立夏）

編織是一年裡這個時節的傳統技藝，把兩種東西結合在一起，變成第三種東西，是朔火節的精神。

在傳統上，食物來自於乳製品，金盞花布丁（參見起始於 191 頁的「食譜」）和香草冰淇淋是不錯的食品，燕麥蛋糕也很適合。

# 夏至（大約在六月二十一日）

在舉行儀式之前，做一個小布袋來裝薰衣草、甘菊、聖約翰草、馬鞭草等藥草，或任何列在 197 頁「藥草魔法書」裡的夏至藥草。

製作時，在腦海裡把你所有的煩惱、問題、疼痛、憂傷和不適（如果有的話），統統倒進這個袋子裡。

用一條紅線把袋口束起來，然後放到祭壇上，留待舉行儀式時使用。祭壇上也要放一只大釜，或是放在附近。

即使你是用紅蠟燭去標記出四個方位，祭壇上也要放一支立在燭臺上的紅蠟燭。

如果是戶外儀式，要升篝火（無論多小），然後把布袋丟到火裡。

佈置祭壇，點燃蠟燭和焚香，擺上石頭圈，引用 157 頁的頌詞，召請女神和男神。

站在祭壇前，舉起魔杖，說：

> 我以神秘儀式來頌揚夏季之月。
> 噢，女神與男神，
> 萬物隨著祢們的能量而顫動，
> 大地沐浴在溫暖和生命之中。
> 此刻是忘卻過去的擔憂和災禍時，
> 此刻是淨化身心時。
> 噢，炙熱的太陽，用祢無限的力量，
> 燒光無用的、傷人的事件和禍害。
> 淨化我！淨化我！淨化我！

把魔杖放到祭壇上。拿起藥草做的祈福包，用祭壇上的紅蠟燭點燃它

（或者，假如在戶外的話，就用儀式簧火點燃它）。燒起來後，把它丟到大釜裡（或其他防燙的容器裡），然後說：

> 我以女神和男神的力量驅逐你！
> 我以太陽、月亮和星星的力量驅逐你！
> 我以土、風、火和水的力量驅逐你！

停歇一下，看著傷痛燒成灰燼，然後說：

> 噢，仁慈的女神，喚，仁慈的男神，
> 在這個夏至的魔法之夜，
> 我祈求祢們在我的生命中注入美妙和歡樂，
> 幫助我和在魔法之夜的風中飄盪的能量調和。
> 我在此致上謝忱。

回想你剛接受過的淨化情景，感覺自然的力量流貫你的身體，用神聖的能量將你洗滌乾淨。

如果需要的話，之後可以施展魔法，然後舉行薄宴來慶祝，同時解除魔法圈。

## 關於夏至

夏至可以說是施展各種魔法的經典時刻，而且特別適合療癒、愛情魔法和保護。如果你是在戶外施展魔法的話，可以利用儀式簧火烘乾藥草。跳過簧火以得到淨化和煥然一新的能量。

新鮮水果是夏至的標準食物。

# 豐收節（立秋）（八月一日）

　　在祭壇上放上幾束小麥、大麥或燕麥、水果和麵包，也許放上一條做成太陽或人型的麵包來代表男神。也可以放上象徵女神的草人。

　　佈置祭壇，點燃蠟燭和焚香，擺上石頭圈，引用 157 頁的頌詞，召請女神和男神。站在祭壇前，舉起穀束，唸誦以下或類似的內容：

> 此時是首次收成的時節，
> 由於大自然慷慨的付出自我，
> 我們才得以生存。
> 噢，結實累累的田野之神，穀物之神，
> 在祢準備好在女神的鐮刀下獻出自我，
> 跨步邁向永夏之境時，
> 請讓我理解祢的犧牲。
> 噢，黑暗之月的女神，
> 現在，太陽逐漸失去力量，夜晚也變得寒冷，
> 請教導我重生的秘密。

　　用你的手指磨擦小麥前端，讓穀粒掉到祭壇上。拿起一片水果咬一口，品嚐它的味道，然後說：

> 我吃掉首次的收成，
> 把它的能量和我的結合在一起，
> 我才能繼續探索
> 燦爛如星的完美智慧。
> 噢，月神和太陽神，

在祢們高貴的尊容之前，連星星也停止行進。

我感謝大地的持續富饒。

願低垂的穀物落下種子，

埋入大地之母的懷胞裡，

好在來春之時，

在溫暖的時節重生。

　　吃掉其餘的水果，需要的話，之後可以施展魔法，然後舉行薄宴來慶祝，解除魔法圈。

## 關於豐收節

　　在儀式中吃掉的水果會留下種子，把種子種下，發芽後，用愛栽培植株，把它當做你和神祇之間聯繫的象徵。

　　用小麥編織（做草人等等），是豐收節的應景活動。走訪田野、果園、湖畔和井邊，也是很傳統的活動。

　　豐收節的食物包括麵包、黑莓和所有莓果、橡子（先以浸泡或水煮來溶掉其毒性〔這裡指的應該是單寧酸的苦澀味，而不是真的具有毒性〕）、野山楂、所有的穀類和當地的熟成產物。有時會烤蛋糕，並以蘋果汁取代酒。

　　如果你把麵包做成男神的模樣，可以用於薄宴中。

## 秋分（大約在九月二十一日）

　　用橡子、橡樹枝、松柏的毬果、玉米穗、小麥桿及其他水果和堅果來裝飾祭壇。也放上一個編織提籃，裡頭裝著各色各樣的乾樹葉。

　　佈置祭壇，點燃蠟燭和焚香，擺上石頭圈，引用 157 頁的頌詞，召請女
神和男神。站在祭壇前，舉起裝著樹葉的提籃，緩緩的撒下樹葉，讓它們掉
落在魔法圈裡。唸誦像是以下的詞句：

> 樹葉飄落，
> 天氣轉涼。
> 女神披上她的大地斗篷，
> 而此時的祢，偉大的太陽神，向西方航行，
> 到那被包圍在涼夜中的無窮魅力之境。
> 果實成熟，種籽掉落，
> 白天與黑夜的時間得到平衡。
> 自北方吹來的寒風在哀訴悲嘆。
> 從這看似自然力量破滅的表象中，
> 噢，聖潔的女神，我知道生命將延續。
> 因為沒有第二次的收成，就沒有春天，
> 就像沒有死亡，便不會有生命。
> 祝福祢，噢，殞落的男神，
> 此時的祢已跨步邁向冬季之境，
> 進入女神愛的臂彎裡。

放下提籃，然後說：

> 噢，仁慈的萬物富饒女神，
> 我已播下我行為的種子，並且收成，無論善惡。
> 請賜予我勇氣，以在來年栽培歡樂與愛的種籽，
> 並且驅逐不幸與仇恨。

> 請教導我以智慧
> 在這星球上生存的秘密，
> 噢，夜晚的光明者！

需要的話，之後可以施展魔法，然後舉行薄宴來慶祝，解除魔法圈。

## 關於秋分

有一項傳統是，到野外和林間收集種子莢和乾燥植物，其中有些可做為居家裝飾，其他的保留起來，給以後的藥草魔法使用。

秋分的食物包括第二次收成的各種收穫，所以穀物、水果和蔬菜佔了大部分，尤其是玉米。玉米麵包是傳統食物，此外還有豆子和烤南瓜。

# 薩溫節（立冬）（十月三十一日）

在祭壇上放上蘋果、石榴、冬季南瓜、南瓜和其他晚秋的水果。秋天的花朵像是金盞花和菊花，也很好。在一張紙上寫下你在生活中想要擺脫的事情：怒氣、壞習慣、不當的情感、疾病等等。

祭壇上也一定要有大釜或什麼類似的工具，放在三腳架或其他的防燙表面上（如果大釜的架腳不夠長的話）。另外，也應該要有一個上面有八輪輻法輪標誌的小平盤[45]。

---

45　模樣就跟文字描述的一樣。在平盤或碟子上畫一個大圓圈，在這個圓圈中央畫上一點，從中心點向圓周畫出八個輪輻。如此一來，就形成一個輪子的標誌——年輪慶典的標誌，象徵永恆的標誌。

　　在進行儀式之前，靜靜地坐下，想著已逝的朋友和你所愛的人。別感到絕望，要知道，他們是在繼續進行一個更偉大的旅程。要牢牢記住，物質世界並不是純粹的現實，靈魂永不死亡。

　　佈置祭壇，點燃蠟燭和焚香，擺上石頭圈，引用 157 頁的頌詞，召請女神和男神。站在祭壇前，舉起一顆石榴，用剛洗淨的白柄刀刺穿果皮。挑出幾顆種籽，把種籽放到有法輪標誌的盤子上。

　　舉起魔杖，面對祭壇，然後說：

> 在這個薩溫之夜，
> 我留意到祢的消逝，噢，太陽王，
> 穿越日落，進入青春之境。
> 我也留意到所有已逝者的消逝，
> 以及所有未來將逝之人。
> 噢，仁慈的女神，永恆的母親，
> 讓殞落者重生的祢，
> 教導我知曉，在極暗之境的時間裡，
> 存在著極盛的光明。

　　品嚐石榴的種籽，用牙齒咬破硬殼，嚐嚐它們辛辣、又苦又甜的滋味。俯視盤子上的八輪輻圖案，它象徵一年的轉動，季節的循環，萬物的終點與起點。在大釜內升起火（點一支蠟燭也可以）。坐在大釜前，拿著那張紙，盯著大釜裡的火焰，說：

> 殘月的智者，
> 夜晚星空的女神，
> 我在祢的大釜內升起火，

以革除掉折磨我的事情。

願能量逆轉，從黑暗到光明！

從惡到善！從死亡到出生！

用大釜裡的火點燃那張紙，把紙丟進煮鍋裡。當它燃燒時，知道你的苦痛正在消失、變小，最後就像被宇宙之火吞噬掉一樣[46]。

如果你想的話，可以嘗試以水晶球或其他神聖的東西做占卜，因為這是檢視過去或未來的一個極佳時機。如果你願意，試著回想以往的日子，但請讓已逝者安息，用你的回憶讚頌他們，不要召喚他們前來[47]。

把任何你可能感受到的痛苦和失落感，釋放到大釜的火焰裡。

需要的話，之後可以施展魔法，然後舉行薄宴來慶祝，解除魔法圈。

## 關於薩溫節（立冬）

在薩溫節之夜把一盤食物放到室外給死者的靈魂，是一項傳統。在窗臺上點一支蠟燭，能夠引導他們到永夏之境；把蘋果埋到緊密結實的土地裡，能夠為死者在旅途中提供食物。

在食物方面，甜菜根、蕪菁、蘋果、玉米、堅果、薑餅、蘋果汁、香料酒（Mulled wine）和南瓜菜餚等，都很適合，肉類菜餚也很好（要強調的是，這是假設你不是素食者，但如果你是，豆腐看來是正確的選擇）。

---

46　大釜在此被視為女神。

47　許多威卡信徒確實會趁這個時候試圖聯繫他們已逝的祖先和朋友，但在我看來，如果我們接受了轉世輪迴的理論，這種做法就顯得唐突。也許，我們所認識的「人格」依然存在，但如果「靈魂」已經轉世到另一副肉體上，溝通會變得很困難──至少可以這麼說。因此，最好用寧靜和愛去紀念他們──但不要召喚他們。

手勢的儀式

站在儀式區域裡，讓思緒保持平靜。深呼吸半分鐘左右，或直到你恢復沉著平靜，再把念頭轉到我們的神祇上。

面向北方，雙手舉至與腰同高，掌心朝下，手指聚攏，形成兩個牢固的平盤，去感受大地的堅實、穩固、肥沃。以這個手勢，召請大地的力量。

片刻之後，轉向東方，把手再抬高一呎（約三十公分），讓掌心背向你（不再與地面平行），手肘稍微彎曲，張開手指，保持這個姿勢，去感應風的流動和交流。用這個手勢召請風的力量。

面向南方，將雙手高舉到頭上，手肘挺直，把手指握起來，形成拳頭，去感覺威力、力量、創造和毀滅。透過這個手勢，召請火的力量。

轉向西方，把手放低大約一呎左右，手肘彎曲，掌心朝上，形成杯狀，讓大拇指壓著食指，去感應水的流動、海洋、水的流暢。透過這個手勢，召請水的力量。

再度面向北方，把頭往後仰，雙手舉向天空，掌心朝上，張開手指，吸收萬物合一的神祇的本質——那個不可知、不可接近、萬物的終極源頭的神祇，去感應宇宙間的神秘。

放下你的投射手，但仍高舉接受手，用第三、四、五指按壓手掌，舉起食指和大拇指，形成一個新月的樣子。去感應女神的真切，感應她的愛、她的富饒、她的慈悲。用這個手勢去感應月亮的力量，永恆的海洋力量——女神的表現。

放下你的接收手，舉起投射手，把中指和無名指彎向掌心，和大拇指形

---

48　如同在第五章提到的，手勢可以是進入儀式意識的強大工具。在重讀那一章之後，我有了組織一個全部使用手勢的儀式的想法，不用工具，不用話語，不用音樂，甚至不用觀想。這只是一個在儀式形式上的建議，而且充滿各種擴充的可能性。它是用來與萬物合一的神祇、女神、男神，以及各種元素力量做調和，並非為了魔法或節氣觀察而設計。

成一個圈圈，將食指和小指舉向天空，做出一個有角的形狀。去感應男神的真實，用那個手勢去感應太陽的力量，尚未馴服的森林能量——男神的表現。

放下你的投射手，平躺下來，伸展你的腿和手臂，直到你形成一個五角星的形狀。去感覺各種元素的力量從你體內奔流而過，融合起來變成你的本質。去感覺它們從萬物合一的神祇、女神、男神中發散出來。

沉思，融合，交流。

結束時，站起來就好。你的手勢儀式到此結束。

# 力量的法則

- 力量不應該被用在帶來傷害、損害或控制他人，但假如有需求時，力量應該用來保護你的生命或他人的生命。
- 只有在真的有需求時，才能夠使用力量。
- 力量可以用在你的利益之上，只要不會傷害到任何人。
- 為了使用力量而接受金錢是不明智的，因為金錢會很快地控制它的接受者。所以，別像其他的宗教一樣。
- 不要為了得到令你驕傲的好處而使用力量，這樣便貶低了威卡和魔法的神秘。
- 永遠記住，力量是神祇的神聖贈禮，絕對不該被誤用或濫用。

以上就是力量的法則。

# 召請元素

風、火、水、土，自靈界而生的元素，

現在我召喚你，請聽我說！

在這確切佈置的魔法圈裡，

保護我不受心靈的詛咒或抨擊，

現在我召喚你，請聽我說！

從洞穴和沙漠，海洋和山丘，

以魔杖、巫刃、聖杯和五芒星，

現在我召喚你，請聽我說！

這是我的意志，請實現我微小的願望！[49]

## 女神和男神的祈禱文、頌詞和召請文

這些祈禱文可以用來在儀式中召請女神和男神，就在魔法圈佈置好之後。當然，任何你所創作的或靈感一來脫口而出的，也可以用。

這裡也包括一些喚起能量或與神祇交流的頌詞。

這些召請文，有些有押韻，有些則否。我想，這只是跟我組織押韻的能力有關。

不過，我回想起**押韻的力量——它將我們的意識心智和無意識心智或通靈心智連結起來，從而產生儀式意識。**

其中，有些與特定的神祇有關，但是，如迪昂・弗君（Dion Fortune）所寫的：「所有的男神都是一個男神，所有的女神都是一個女神，只有一個創始者。」[50]

---

49　這篇召請文也可以用唱的，然後一邊繞著祭壇移動或跳舞，來為魔法活動喚起元素能量。

50　《神秘主義的面向》，倫敦：Aquarian Press，1962，35 頁。

# 召請女神

星空中的新月女神，
肥沃平原上美麗女如花的女神，
在海洋浪潮聲中飄逸的女神，
輕盈雨點中的喜悅女神，
請聽我在巨石圈中歌頌，
為我開啟祢的神秘之光，
呼喚我走向祢的銀色色調，
在我神聖的儀式中，與我同在！

# 召請潘神

噢，偉大的潘神，
人面獸身，
羊群的守護者和陸地的主宰，
我召喚祢來到我的儀式中，
在這個魔力鼎盛的夜晚。
酒之神，葡萄之神，
田野之神和母牛之神，
帶著祢的愛來到我的魔法圈裡，
並且從天上送出祢的祝福。
幫助我療癒，
幫助我去感受，
幫助我帶來愛和好運。
森林的潘神，林間的潘神，

當我施展魔法時，請與我同在！

## 伊西絲的召請文

月神伊西絲，祢是一切的根源，
一切的現在，一切的未來，
來吧，戴著面紗的夜之女王！
來吧，此刻神聖蓮花的芳香，正將愛和魔法
授予我的魔法圈。
我祈求祢，降臨我的魔法圈，
噢，神聖的伊西絲！

## 致角神祈禱文

原野上的角神，
明亮天空中的翼神，
光芒四射的太陽神，
從哭嚎的萬鬼中降臨的神——
我在巨石圈中召喚祢，
祈求祢，噢，古老的神，
屈尊賜福於我的魔法圈——
噢，司掌熾烈太陽的如火之神。

## 致戴安娜的新頌詞

月虧，月虧，月盈，月盈——

戴安娜的力量在流動，在流動。

（重複）

# 召喚男神

森林深處的古老神明，

走獸和太陽的主宰；

此刻，世界沉睡在寂靜之中，

因為白晝已盡。

我以古老的方式召喚祢，

來到我的魔法圈之中，

請求祢傾聽我的祈禱，

將太陽的力量送到人間。

# 召請女神

仁慈的女神，

祢是諸神之后，夜晚的明燈，

是所有野生及自由生靈的創造者，

女人及男人的母神，

角神的愛人和所有威卡教徒的保護者。

我祈求祢，帶著祢具神力的月光降臨我的魔法圈！

# 召請男神

光芒奪目的男神，

祢是諸神之王，太陽之主，

是所有野生及自由生靈的主宰，

女人及男人的父神，

月亮女神的愛人和所有威卡教徒的保護者，

我祈求祢，帶著祢具神力的日光降臨我的魔法圈！

## 女神頌詞

月神，月神，月神，戴安娜，

月神，月神，月神，戴安娜，

祝福我，祝福我，祝福我，戴安娜，

月神，月神，月神，戴安娜。（重複）

## 致男神之傍晚頌詞

為金色的太陽喝采，

白晝的主宰，

在早晨升起

照亮我的路。

（觀看日落時吟誦）

## 致女神之傍晚頌詞

為銀色的月亮喝采，

夜晚的主宰，

守護我和我所愛的人，

直到天明。

（夜晚凝視月亮時吟誦）

## 女神頌詞

A ~ ~ ~ ~ ~ ~ ~

O ~ ~ ~ ~ ~ ~

U ~ ~ ~ ~ ~ ~

E ~ ~ ~ ~ ~ ~

I ~ ~ ~ ~ ~ ~ [51]

# 數字的知識

用於儀式活動和魔法活動。大體上，奇數與女性、接受的能量和女神有關；偶數與男性、投射的能量和男神有關。

1——宇宙；萬物合一的神祇；萬物的根源。

2——女神和男神；完美的二元性；投射和接受的能量；一對；人與神祇的結合；身體與心靈的融合貫通；均衡。

3——三重女神；月相；我們人類的身體、心智和心靈層面。

4——元素；石頭的神靈；風；季節。

5——感官；五角形；四個元素再加上阿卡夏（第五元素）；這是女神的數字。

---

51　這些顯然是英文中的母音，在你發音時，將聲音拉長，這會引起女神的注意，然後喚起通靈心智。

7——古人知道的七大行星；月相的時間；力量；保護與魔法。

8——年輪慶典的數字；男神的數字。

9——女神的數字。

13——滿月慶典；幸運數字。

15——代表好運的數字。

21——在威卡年中年輪慶典加滿月慶典的數字；女神的數字。

28——月亮的數字；女神的數字。

101——代表肥沃的數字。

七大行星的編號是：

土星：3

木星：4

火星：5

太陽：6

金星：7

水星：8

月亮：9[52]

# 巫師的十三項目標

1. 認識你自己。

2. 認識你的技藝（威卡）。

3. 學習。

---

52　這個系統有許多版本，這是我使用的版本。

4. 憑智慧運用知識。

5. 達成平衡。

6. 說話時井然有序。

7. 思考時井然有序。

8. 讚頌生命。

9. 與大地的循環調和。

10.正確地呼吸吐納和攝食。

11.鍛鍊身體。

12.冥想。

13.尊敬女神和男神。

食譜、焚香與
精油配方

# 飲食食譜

## 新月蛋糕

**材料**.

1 杯杏仁細碎片

$1\frac{1}{4}$ 杯麵粉

$\frac{1}{2}$ 杯糖粉

2 滴杏仁萃取油

$\frac{1}{2}$ 杯黃油（軟化的）

1 顆蛋黃

**作法**.

1. 把杏仁、麵粉、糖和油倒在一起攪拌，直到混合均勻。

2. 用手把黃油和蛋黃與作法 1 攪和在一起，直到混合均勻。

3. 冷卻麵糰。烤箱預熱到華氏三百二十五度（約攝氏一百六十二度）。

4. 捏下麵糰，分成一塊塊大約核桃大小，做成新月的形狀，放到塗油的烤盤上，大約烤二十分鐘。

5. 在薄宴中食用，特別是滿月慶典 [53]。

## 朔火節金盞花卡士達醬

**材料**.

2 杯牛奶

1 杯沒有散開的金盞花花瓣

---

[53] 這已經是我所能找到的最好的食譜，大部分的其他版本都令人難以下嚥，擔心糖粉成分的純粹主義者，在這份食譜裡不用擔心。它在儀式上與金星相關，而且有很長久的魔法歷史。

$\frac{1}{4}$ 茶匙鹽

3 湯匙糖

帶莢香草豆，1 ～ 2 吋（約 2.5 至 5 公分）長

3 顆蛋黃（稍微打散）

$\frac{1}{8}$ 茶匙多果香

$\frac{1}{8}$ 茶匙肉豆蔻

$\frac{1}{2}$ 茶匙玫瑰水

打發的鮮奶油

**作法.**

1. 用乾淨的杵臼（烹飪專用）碾碎金盞花瓣，或用湯匙搗碎。

2. 把鹽、糖和香料混合起來。

3. 把金盞花和香草豆放到牛奶裡，加熱到接近沸點，然後取出香草豆，倒入稍微打散的蛋黃和乾的材料中。

4. 以低溫煮，當混合物濃稠到能夠裹在湯匙上時，加入玫瑰水，然後冷卻。

5. 蓋上打發的鮮奶油，飾以新鮮的金盞花花瓣。


## 無酒精蜂蜜酒

**材料.**

1 夸脫（約 946 毫升）水，最好是泉水

1 杯蜂蜜

1 片檸檬

$\frac{1}{2}$ 茶匙肉豆蔻

**作法.**

1. 把所有的材料倒入一只非金屬鍋裡煮沸。

2. 在沸騰時，用木製湯匙撈起浮渣。

3. 當不再出現浮渣時，倒入以下材料：少許鹽、$\frac{1}{2}$ 顆檸檬汁。

4. 過濾然後冷卻。在薄宴裡取代含酒精的蜂蜜酒或其他酒。

# 焚香的配方

製作焚香，只要把材料碾碎然後混合在一起就好了。

當你混合時，要感應它們的能量。在儀式中，需把焚香放在香爐裡的炭磚上燃燒。

## 魔法圈焚香

4 份乳香

2 份沒藥

2 份安息香

1 份檀香

$\frac{1}{2}$ 份肉桂

$\frac{1}{2}$ 份玫瑰花瓣

$\frac{1}{4}$ 份馬鞭草

$\frac{1}{4}$ 份月桂

可用於所有儀式和施咒的魔法圈裡。乳香、沒藥和安息香應做為混合焚香裡的主體。

## 滿月儀式焚香

2 份檀香

2 份乳香

$\frac{1}{2}$ 份梔子花花瓣

$\frac{1}{4}$ 份玫瑰花瓣

幾滴龍涎香精油

用於滿月慶典，或滿月時與女神調和時。

## 祭壇焚香

3 份乳香

2 份沒藥

1 份肉桂

在祭壇上點燃，做為淨化祭壇和在儀式中提升儀式意識的一般性焚香。

## 春季年輪慶典焚香

3 份乳香

2 份檀香

1 份安息香

幾滴廣藿香精油

用於春季和夏季年輪慶典儀式中。

## 秋季年輪慶典焚香

3 份乳香

2 份沒藥

1 份迷迭香

1 份雪松

1 份杜松

用於秋季和冬季儀式中。

# 精油的配方

製作精油，只要把它們混合起來，放到瓶子裡就行了。在儀式中使用。

## 年輪慶典精油一號

3 份廣藿香精油

2 份麝香

1 份康乃馨

在年輪慶典使用，以促進與神祇的交流。

## 年輪慶典精油二號

2 份乳香

1 份沒藥

1 份多果香

1 份丁香

用途如前。

## 滿月精油一號

3 份玫瑰

1 份茉莉

1 份檀香

在滿月儀式前抹在身上，與月亮的能量調和。

## 滿月精油二號

3 份檀香

2 份檸檬

1 份玫瑰

用途和上述一樣的另一款精油。

## 女神精油

3 份玫瑰

2 份月下香

1 份檸檬

1 份玫瑰草

1 份龍涎香

在儀式中使用，以頌揚女神。

## 角神精油

2 份乳香

2 份肉桂

1 份月桂

1 份迷迭香

1 份麝香

在儀式中使用，以頌揚女神。

## 祭壇精油

4 份乳香

3 份沒藥

1 份南薑

1 份馬鞭草

1 份薰衣草

定期把這種精油抹在祭壇上，以淨化它並賦予它力量。

# 藥草魔法書

在威卡儀式中使用藥草與植物的指南

# 蒐集花朵、藥草和植株

在用白柄刀採集前，先透過觀想與那株植物調和，去感覺它的能量。
當你採集時，吟誦以下或類似的內容：

> 噢，小（植物名，如牛膝草等等）
> 我請求你慷慨的幫助我
> 在我的一擊下變得更強壯，威力也更強大。
> 噢，（植物名）！

如果它是一棵樹，就替換為適當的樹名（如橡樹）。輕輕地割下你要的部分就好，千萬不要從幼株上採集，或割下的部分佔了整株的百分之二十五以上。在植株的基部留下供品：一枚銀幣、一顆閃亮的寶石，一點酒或牛奶、穀物、一顆水晶等等。把供品埋起來，然後就結束了。

# 魔法圈

可以用祭祀神祇的花圈來做魔法圈。或者，可以沿著魔法圈的圓周撒上花朵。

四個方位上的石頭可以用適合那些元素的鮮花和藥草圍起來，例如：
**北方**：玉米、扁柏、蕨類、忍冬、小麥、馬鞭草
**東方**：刺槐、佛手柑、苜蓿、蒲公英、薰衣草、檸檬草、薄荷、檞寄
生、香芹、松樹
**南方**：羅勒、康乃馨、雪松、菊花、蒔蘿、薑、天芥菜（香水草）、冬
青、杜松、金盞花、薄荷

西方：蘋果花、檸檬香蜂草、山茶花、貓薄荷、黃水仙、接骨木、梔子
花、葡萄、石楠、朱槿、茉莉、蘭花

可以把鮮花放在祭壇上，或者，如果找不到鮮花，用蕨類等綠色植物也
可以。

在圍繞著樹佈置時，你可以使用水果、葉子、堅果或那棵樹的花來圍出
魔法圈的圓形。除了細繩和石頭之外，這些材料都可以用。

# 烽火

如果你想為戶外儀式升火，可以用以下所有的木材或任何一種組合：

蘋果木　橡木　雪松　松木

山茱萸　白楊　杜松　花楸　牧豆樹

如果這些都找不到的話，就用原生樹。舉行在海邊的儀式，可以用乾的
漂浮木來做烽火，在儀式前先收集好。

# 室內的魔法圈

放在屋外以花盆栽種的魔法植物，在舉行儀式時可以沿著圓圈擺放，
或是擺在祭壇上。如果你的活動主要在室內進行，就選擇奇數數目的祭獻植
物，然後把它們擺置在你的儀式區域。如果它們需要更多陽光，只要把它們
搬到戶外，等到舉行儀式時再搬進來就行了。給它們能量和愛，它們就會在
你進行敬神和魔法活動時給予幫助。

雖然也可以使用任何有毒植物，但比較建議的種類如下：

非洲紫羅蘭　　　　　　　　　棕櫚樹（所有種類）

| | |
|---|---|
| 紅天竺葵 | 玫瑰 |
| 仙人掌（所有種類） | 玫瑰天竺葵 |
| 蕨類（所有種類） | 迷迭香 |
| 冬青 | 朱蕉 |
| 牛膝草 | 毬蘭 |

# 儀式佩戴

如果你喜歡的話，在儀式中可以將鮮花和藥草穿戴在頭上和身上。花冠總是很適合春季和夏季儀式，在冬季儀式中，要使用橡木和松木。

你可以戴一串用藥草和種籽做的項鍊，像是零陵香豆、整顆的肉豆蔻、八角、橡子，以及其他種籽和堅果，用天然纖維把它們串起來，也可以佩戴用小松果做的串繩。

在舉行於夜晚的滿月儀式裡，戴上晚上開花的芳香花朵，可以讓自己充滿月亮的能量。

# 工具

關於工具的第一次使用或正式奉獻之前的聖化，這裡有一些建議。要用適當的觀想和儀式目的來執行。

## 巫刃或魔法劍

日出時，在戶外找一個不會受到干擾或被看見的地方，用新鮮的羅勒、

迷迭香或橡樹葉來擦拭刀刃。把劍或刀放在地上，尖端朝南。以順時鐘方向繞著它走三遍，把月桂葉（最好是新鮮的）撒在它上面。拿起劍或刀，面朝東方站立，把它向上舉，但手臂放低，召請男神將他的力量灌輸到巫刃或魔法劍裡。把它指向天空，召請女神用她的愛和力量為刀刃加持。

用一塊紅色的布把巫刃或魔法劍包起來，然後帶回家。如果你想的話，可以把劍或刀放在那塊布裡收起來。

## 白柄刀

清晨時到森林裡（或公園、花園，或你的室內花園），選幾棵最漂亮、最鮮艷的樹，用白柄刀的刀尖輪流輕輕地觸碰它們，在白柄刀和植物之間創造一道聯繫（如此一來，便與大地產生了聯繫）。

接著，坐到地面上，確定只有你一個人，用白柄刀的尖端在地上畫出一個五芒星。這樣就完成了。

## 魔杖

如果魔杖是木製的，在日落時把它帶到戶外，用新鮮的薰衣草、桉樹或薄荷葉來摩擦它。把它舉到空中，朝向東方（或月亮，如果看得見的話），然後召請女神。在日出之時，再度將它帶到戶外，用新鮮芳香的葉子摩擦它，然後把它舉向東方，以召請男神。

## 五芒星

把五芒星放到裸露的地面上，在它上頭放上乾燥的香芹、廣藿香、槲寄生，或是新鮮的茉莉或忍冬花。面向北方，坐在它前面一會兒，觀想五芒星

正在吸收大地的能量。然後將它拿起來，把原本放在它上頭的藥草和鮮花撒到四個方位上，始於北方，終於北方。

如果這一定要在室內完成，就用小碟子盛一點新鮮的土，然後把五芒星放上去。程序同上，除了藥草或鮮花待會兒要撒到戶外。

## 香爐

在第一次使用香爐之前，把純的迷迭香、乳香或柯巴脂放到香爐裡薰燒，為時一小時。

## 大釜

把大釜帶到溪邊、河邊、湖邊或海邊，從生長在附近的植物上收集一些葉子（若在海邊，可以用海草）。把大釜浸到水裡裝水，放入葉子，然後把它放在水邊，讓它同時碰到水和沙土。把手放到大釜上，然後用任何你喜歡的話將它供獻給女神。把大釜的水倒掉，將它晾乾或擦乾，然後回家，因為大釜已經得到加持了。

假如要在室內進行，就在一個以蠟燭照明的房間，把大釜放到一個大水盆或大澡盆裡。要用冷水，並且在水裡加點鹽。程序同上。

鹽水會侵蝕金屬，所以大釜浸泡在海水或鹽水裡之後，要徹底洗過。

## 聖杯

在底部抹上梔子花、玫瑰或紫羅蘭精油，然後倒入純泉水。接著在水面放上一支常春藤、一小朵玫瑰、一朵新鮮的梔子，或是一些其他適合的鮮花或藥草。

向聖杯裡凝視，並且召請女神來祝聖它。你也可以在晚上將它拿到戶外，裝上水，然後看著它裡頭的月亮倒影。

## 掃帚

可以用以梣木（白臘樹）為長柄、樺木細枝為尾枝和柳條為束繩做成的掃帚。用甘菊、柳枝、檸檬香蜂草、接骨木或錦葵的莖和分枝來刷掃帚，然後以正經莊重的態度把它們埋起來。你也可以在掃帚的柄上刻一彎新月。

## 水晶球

在滿月的夜晚，用新鮮（或乾燥）的艾蒿擦拭它，然後將它拿到戶外。把它舉起來，讓它吸收月亮的光芒和能量。把水晶球舉到眼前，透過它凝視月亮。每年重複至少三次，所帶來的效果最好。

## 影子之書

如果想的話，可以在《影子之書》的封面縫上神聖藥草的葉子，如馬鞭草、芸香、月桂、柳樹等等。葉片要乾透，並在月光下秘密的放置。當然，因為這樣的原故，所以《影子之書》的封面要用布包起來。

## 長袍

如果你選擇穿長袍，不用時，把它放在裝有薰衣草、馬鞭草和雪松的香囊之間。在做長袍時，如果喜歡的話，可以沿邊縫上一點迷迭香或乳香（假如洗過之後不會留下污漬的話）。

# 年輪慶典的藥草

用來做為祭壇上、圍著魔法圈和家裡的裝飾。可參閱《魔藥學》一書。

## 薩溫節（立冬）

菊花、苦艾、蘋果、梨子、榛子、薊、石榴、所有的穀類、收成的水果和堅果、南瓜，以及玉米。

## 冬至

冬青、檞寄生、常春藤、雪松、月桂、杜松、迷迭香、松木。
把蘋果、橘子、肉豆蔻、檸檬等供品和整枝肉桂棒放到聖誕樹上。

## 火炬節（立春）

雪花蓮（Snowdrop）、花楸、那年的第一批花。

## 春分

黃水仙、香豬殃殃（woodruff）、紫羅蘭、金雀花、橄欖、勺藥（牡丹）、鳶尾花、水仙，以及所有春天的花朵。

## 朔火節（立夏）

山楂、忍冬、聖約翰草、香豬殃殃，所有的花。

## 夏至

艾蒿、馬鞭草、甘菊、玫瑰、百合、橡樹、薰衣草、常春藤、西洋蓍草、蕨類、接骨木、野生百里香、雛菊和康乃馨。

## 豐收節（立秋）

所有的穀類、葡萄、石楠、黑莓、黑刺李、野山楂和梨子。

## 秋分

榛子、玉米、楊樹、橡樹枝、秋天的樹葉、小麥桿、扁柏毬果、松毬果和收穫後的落穗。

# 滿月儀式的藥草和植物

可以放在祭壇上的有：所有的夜間開花植物、白色或五瓣花（如白玫瑰），以及所有香氣怡人、可以召來女神的花朵。樟腦也是象徵物。

# 供品

### 獻給女神

所有水裡和陸地上的花和種籽，像是山茶花、百合、睡蓮、柳枝；用於

滿月儀式的花；白色或紫色的花，像是風信子、木蘭、石楠和紫丁香；氣味香甜的藥草和花；奉獻給金星或月亮的花；芸香、馬鞭草和橄欖；或是其他看起來適合的花。

## 獻給男神

　　所有火熱和精巧的花，像是羅勒、菊花、金魚草、苜蓿、薰衣草、松樹；氣味強烈、潔淨或柑橘類的藥草和花；由火星或太陽管理的藥草和花；黃色或紅色的花，像是向日葵、松毬果、種籽、仙人掌、薊和有刺的藥草；柳橙、天芥菜（heliotrope）、雪松、杜松等等。

## 女神的聖藥草

阿芙蘿黛蒂（Aphrodite）：橄欖、肉桂、雛菊、扁柏、榲桲（quince）、鳶尾、蘋果、桃金孃。

阿拉蒂雅（Aradia）：芸香、馬鞭草。

阿緹密絲（Artemis）：銀冷杉、莧菜、扁柏、雪松、榛樹、桃金孃、柳樹、雛菊、艾蒿、棗椰樹。

亞斯塔蒂（Astarte）：赤楊、松樹、扁柏、桃金孃、杜松。

雅典娜（Athena）：橄欖、蘋果。

帕斯特（Bast）：貓薄荷、馬鞭草。

貝羅娜（Bellona）：顛茄。

布麗姬（Brigit）：黑莓。

卡莉亞赫（Cailleach）：小麥。

卡蒂亞（Cardea）：山楂、豆子、草莓樹（arbutus，莓實樹）。

瑟瑞斯（Ceres）：柳樹、小麥、月桂、石榴、罌粟、韭菜、水仙。

希柏莉（Cybele）：橡樹、沒藥、松樹。

狄蜜特（Demeter）：小麥、大麥、唇萼薄荷、沒藥、玫瑰、石榴、豆子、罌
　　　　　　　　　　粟、所有的栽培作物。

戴安娜（Diana）：白樺、柳樹、刺槐、苦艾、榛木、山毛　、冷杉、蘋果、
　　　　　　　　　艾蒿、懸鈴木（plane）、桑樹、芸香。

杜魯安堤雅（Druantia）：冷杉。

芙蕾雅（Freya）：黃花九輪草（cowslip）、雛菊、月見草、鐵線蕨、沒藥、
　　　　　　　　　草莓、槲寄生。

哈索爾（Hathor）：桃金孃、西克莫無花果樹、葡萄、曼德拉草（mandrake）、
　　　　　　　　　芫荽、玫瑰。

赫卡蒂（Hecate）：柳樹、天仙子、烏頭（附子）、紫杉、曼德拉草、仙客
　　　　　　　　　來、薄荷、扁柏、椰棗樹、芝麻、蒲公英、大蒜、橡樹、
　　　　　　　　　洋蔥。

赫卡特（Hekat）：扁柏。

希拉（Hera）：蘋果、柳樹、鳶尾花、石榴、沒藥。

希娜（Hina）：竹子。

胡爾達（Hulda）：亞麻、玫瑰、聖誕玫瑰（hellebore）、接骨木。

伊南娜（Irene）：橄欖。

伊莉絲（Iris）：苦艾、鳶尾花。

伊絲塔（Ishtar）：刺槐、杜松、所有的穀物。

伊西絲（Isis）：無花果、石楠、小麥、苦蒿、大麥、沒藥、玫瑰、棕櫚、蓮
　　　　　　　　花、酪梨、洋蔥、鳶尾花、馬鞭草。

茱諾（Juno）：百合、番紅花、日光蘭（asphodel）、榲桲、石榴、馬鞭草、
　　　　　　　鳶尾花、萵苣、無花果、薄荷。

凱莉德溫（Kerridwen）：馬鞭草、橡子。

米娜瓦（Minerva）：橄欖、桑樹、薊。

涅法屯（Nefer-Tum）：蓮花。

奈弗絲（Nepthys）：沒藥、百合。

努特（Nuit）：西克莫無花果樹。

奧爾溫（Olwen）：蘋果。

泊瑟芬（Persephone）：香芹、水仙、柳樹、石榴。

蕾亞（Rhea）：沒藥、橡樹。

洛溫（Rowen）：苜蓿、花楸。

維納斯（Venus）：肉桂、雛菊、接骨木、石楠、秋牡丹、蘋果、罌粟、紫羅蘭、馬鬱蘭（marjoram）、鐵線蕨、康乃馨、紫苑、馬鞭草、桃金孃、蘭花、雪松、百合、槲寄生、松樹、榲桲。

維斯塔（Vesta）：橡樹。

## 男神的聖藥草

阿多尼斯（Adonis）：沒藥、玉米、玫瑰、茴香、萵苣、白石楠。

阿斯克勒皮厄斯（Aesculapius）：月桂、芥菜。

阿賈克斯（Ajax）：飛燕草（delphinium）。

阿努（Anu）：檉柳（tamarisk）。

阿波羅（Apollo）：韭菜、風信子、天芥菜、山茱萸、月桂、乳香、椰棗樹、扁柏。

阿堤斯（Attis）：松樹、杏仁。

阿瑞斯（Ares）：毛茛。

巴克斯（Bacchus）：葡萄、常春藤、無花果、山毛櫸、檉柳。

巴德爾（Baldur）：聖約翰草、雛菊。

布蘭（Bran）：赤楊、所有的穀物。

丘比特（Cupid）：扁柏、糖、白色堇、紅玫瑰。

達格達（Dagda）：橡樹。

迪亞努斯（Dianus）：無花果。

戴奧尼修斯（Dionysus）：無花果、蘋果、常春藤、葡萄、松樹、玉米、石榴、毒蕈（toadstool）、香菇、茴香、所有野生和栽培的樹。

狄斯（Dis）：扁柏。

伊亞（Ea）：雪松。

厄洛斯（Eros）：紅玫瑰。

吉狄翁（Gwydion）：梣樹。

赫里歐斯（Helios）：向日葵、天芥菜。

赫恩（Herne）：橡樹。

荷魯斯（Horus）：苦薄荷、蓮花、酪梨。

修普諾斯（Hypnos）：罌粟。

裘夫（Jove）：松樹、桂皮、石蓮花、康乃馨、扁柏。

朱比特（Jupiter）：蘆薈、龍牙草（agrimony）、鼠尾草、橡樹、毛蕊花、橡子、山毛櫸、扁柏、石蓮花、椰棗樹、紫羅蘭、金雀花、牛眼菊、馬鞭草。

科努諾斯（Kernunnos）：天芥菜、月桂、向日葵、橡樹、柳橙。

卡納羅（Kanaloa）：香蕉。

馬爾斯（Mars）：梣樹、蘆薈、山茱萸、毛茛（buttercup）、匍匐冰草（witch grass）、馬鞭草。

墨丘利（Mercury）：肉桂、桑樹、榛樹、柳樹。

密特拉（Mithras）：扁柏、紫羅蘭。

尼普頓（Neptune）：梣樹、墨角藻、所有的海藻。

奧汀（Odin）：槲寄生、榆樹。

歐西里斯（Osiris）：刺槐、葡萄、常春藤、檉柳、雪松、苜蓿、椰棗樹、所
　　　　　　　　　有的穀物。

潘神（Pan）：無花果、松樹、蘆葦、橡樹、蕨類、草地上所有的花。

普魯托（Pluto）：扁柏、薄荷、石榴。

波賽頓（Poseidon）：松樹、梣樹、無花果、墨角藻、所有的海藻。

普羅米修斯（Prometheus）：茴香。

拉神（Ra）：刺槐、乳香、沒藥、橄欖。

薩登（Saturn）：無花果、黑莓。

西爾瓦努斯（Sylvanus）：松樹。

塔木茲（Tammuz）：小麥、石榴、所有的穀物。

托特（Thoth）：杏仁。

索爾（Thor）：薊、石蓮花、馬鞭草、榛樹、梣樹、樺樹、花楸、橡樹、石
　　　　　　　榴、牛蒡、山毛　。

烏拉諾斯（Uranus）：梣樹。

沃登（Woden）：梣樹。

宙斯（Zeus）：橡樹、橄欖、松樹、蘆薈、香芹、鼠尾草、小麥、無花果。


　　身為威卡教徒，我們只會從植物身上摘採我們需要的部分，在收穫前，
千萬別忘了與植物調和，也別忘了留下代表感恩和尊敬的供品。

　　藥草魔法書就在這裡結束。

威卡水晶魔法

水晶和石頭是女神和男神的贈禮，它們是可以用來強化儀式和魔法的神聖魔法工具。

這裡有一些大地魔法的相關方法。

## 準備魔法圈

如果你喜歡的話，可以不要用藥草，改用水晶和石頭圍成魔法圈。

自北方開始，至北方結束，沿著魔法圈放置七個、九個、二十一個或四十個任意大小的水晶，放在繩子裡面或上面都可以。如果在魔法圈裡進行儀式，是屬於一般的心靈特性或魔法特性，就把水晶的尖端朝外；如果是屬於保護特性，就把尖端朝向裡頭。

如果你用蠟燭取代大石頭去標記魔法圈的四個方位，就用以下任何或所有的礦石圍住每支蠟燭。

**北方**：水草瑪瑙、翡翠、煤玉、橄欖石、鹽、黑碧璽。

**東方**：帝王拓帕石、黃水晶、雲母、浮石。

**南方**：琥珀、黑曜石、紅紋石、紅寶石、火山岩、石榴石。

**西方**：海藍寶石、玉髓、玉石、青金石、月光石，杉石。

## 石頭祭壇

做這種祭壇時，可以到乾枯的河床上和海邊搜尋各式各樣的光滑石頭，或是到石頭專賣店裡看看有沒有合適的。

選三顆大石頭來做祭壇。以兩顆大小相等的較小石頭為基底，把較長且扁平的石頭放在這兩個石頭上頭，就就是祭壇了。在祭壇上的左邊放一顆石

頭代表女神，可以用河裡的天然鵝卵石、穿孔的石頭、水晶球，或是以下與女神有關的任何石頭。

在祭壇上的右邊放一顆石頭代表男神，可以用火山石、單尖水晶柱，一個又細又長或梅花形的岩石，或是下頁象徵男神的石頭。

在這兩顆石頭之間擺上一顆較小的石頭，上頭以蠟油黏著一支紅蠟燭，用來代表女神和男神的神聖能量，以及火元素。

在這些石頭的前方，放上一顆用來接受酒、蜂蜜、蛋糕、半寶石、鮮花和水果等供品的扁平石頭。

在供奉石的左邊，應該放上一顆小型的杯狀石（如果找得到的話）。在這顆石頭裡注入水，用來代表水元素。

供奉石的右邊放一塊扁平岩石，在上面撒上鹽巴，用來象徵土元素。

此外，也可以在供奉石之前再放一顆扁平的石頭，充當香爐。

可以用一根又細又長的雙尖水晶當做魔杖，另外，用打火石或箭頭狀的黑曜石當做巫刃。

任何需要用到的其他工具，都可以擺到祭壇上，或是可以找一些石頭做為替代。這種擺設方法適用於所有類型的威卡儀式。


# 女神的石頭

一般說來，所有的粉紅色、綠色和藍色石頭，都是女神的石頭。此外，還有跟月亮或金星有關的石頭；由水和土元素掌管的石頭，像是翠綠橄欖石、翡翠、粉紅碧璽、粉晶、藍水晶、海藍寶石、綠柱石、紫鋰輝石和綠松石，都是歸於女神的石頭。

與特定神祇有關的石頭如下：

阿芙蘿黛蒂（Aphrodite）：鹽。

瑟瑞斯（Ceres）：翡翠。

科亞特莉庫（Coatlicue）：玉石。

希柏莉（Cybele）：煤玉。

戴安娜（Diana）：紫水晶、月光石、珍珠。

芙蕾雅（Freya）：珍珠。

偉大的母神（Great Mother）：琥珀、珊瑚、晶洞（異質晶簇）、有孔的
石頭。

哈索爾（Hathor）：綠松石。

伊西絲（Isis）：珊瑚、翡翠、青金石、月光石、珍珠。

觀音（Kwan Yin）：玉石。

拉希米（Lakshmi）：珍珠。

瑪特（Maat）：玉石。

瑪拉（Mara）：綠柱石、海藍寶石。

努特（Nuit）：青金石。

佩蕾（Pele）：火山石、黑曜石、橄欖石、浮石。

瑟蕾恩（Selene）：月光石、透石膏。

堤亞瑪特（Tiamat）：綠柱石。

維納斯（Venus）：翡翠、青金石、珍珠。

# 男神的石頭

　　一般說來，所有橘色和紅色的石頭，都是男神的石頭。此外，還有跟太陽和火星有關的石頭；由火元素和風元素掌管的石頭，像是紅玉髓、紅寶石、石榴石、橘色方解石、鑽石、虎眼石、黃玉、太陽石、雞血石、紅碧璽，都是歸於男神的石頭。

與特定神祇有關的石頭如下：

阿斯克勒皮厄斯（Aesculapius）：瑪瑙。

阿波羅（Apollo）：藍寶石。

巴克斯（Bacchus）：紫水晶。

丘比特（Cupid）：蛋白石。

戴奧尼修斯（Dionysius）：紫水晶。

馬爾斯（Mars）：黑瑪瑙、纏絲瑪瑙。

尼普頓（Neptune）：綠柱石。

奧汀（Odin）：有孔的石頭。

拉神（Ra）：綠柱石、珍珠[54]、海藍寶石。

特茲卡特利波卡（Tezcatlipoca）：黑曜石。


# 石堆

古時候全世界各地的人們會利用石頭堆成石堤或石堆，這些石堆有時候是用來標記旅客的足跡，或是紀念某些歷史事件，這樣的石堆通常會有儀式上的意義。

**在魔法思想中，石堆是蘊含力量的地方**，它們把堆聚的石頭的能量集結在一起。石堆的基部扎根在泥土裡，但頂端朝向天空，象徵肉體與精神領域的相互連接。

---

54 把珍珠和珊瑚當做「石頭」列在這裡，是因為在古時候它們就被視為石頭。雖然現在知道它們是來自生物的產物，但這份知識同時讓我們有了是否該把它們用在儀式裡的道德問題。這必須取決於個人，就我而言，除了從海邊撿來的珊瑚，我一概不用。

在戶外的儀式裡裡，可以在魔法圈的每個點上，用不超過九或十一顆石頭來堆成一座小石堆，這可以在畫魔法圈之前先做好。

下次你到野外去，找個僻靜之處而且剛好有很多石頭的地方，清出一塊空地，坐下來，觀想你所需要的魔法。當你觀想時，在手邊找顆石頭握著，去感覺它內在正在脈動的能量──大地的力量、自然的力量。然後把它放到清出來的空地上。再撿起另一顆石頭，觀想你所需要的力量，然後把它放到第一顆石頭的旁邊。

繼續觀想，繼續增加石頭，把它們堆成一座石堆。一直加入石頭，直到你感覺到它們在你面前的振動和脈動。把最後一顆石頭放在石堆的頂端，帶著堅定的儀式意念──肯定地告訴自己、石堆和大地，在最後的魔法行為中，你已經呈現了你的需要。

把雙手放到石堆的兩側，透過觀想輸出你的能量，用你的力量培育它、滋養它，然後看到你的需求得到滿足。

離開之後，剩下的就交給石堆了。


# 水晶和蠟燭咒語

依據下列清單（或依據你自己的直覺），用蠟燭的顏色來象徵你的魔法需求：

**白色**：保護、淨化、寧靜。

**紅色**：保護、力量、健康、熱情、勇氣。

**淺藍色**：療癒、耐心、幸福。

**深藍色**：改變、通靈。

**綠色**：錢財、孕育、成長、工作。

**黃色**：才智、吸引力、學習、占卜。

**棕色**：療癒動物。

**粉紅色**：愛情、友誼。

**橘色**：激勵、能量。

**紫色**：權力、療癒重大疾病、靈性、冥想。

拿一個淨化的過的雙尖水晶柱，用它的尖端在蠟燭上刻出一個你需要的符號。這個符號可以是求愛情的心型，求財的金錢符號，或是求力量的拳頭。不然，也可以用適當的盧恩符文（請見下一章節），或用水晶在蠟燭上寫出你想求的東西。

當你在刻或畫時，透過清透的水晶觀想你所需要的東西，就好像它已經呈現在眼前一樣。然後把蠟燭放到燭臺上，水晶放在蠟燭旁邊，點燃燭芯。

當火焰燃起時，再次強烈地觀想，剩下的就交給水晶、蠟燭和符文了。

# 符號與記號

| | | | |
|---|---|---|---|
| | 女神 | | 聖杯 |
| | 男神 | | 香爐 |
| | 蠟燭 | | 五芒星 |
| | 掃帚 | | 魔杖 |
| | 大釜 | | 巫刃 |
| | 烽火 | | 祭壇 |
| | 逆時鐘方向 | | 順時鐘方向 |
| | 藥草，植物 | | 水 |
| | 酒 | | 永生 |
| | 災禍，致命的、毒物 | | 鹽 |

| | | | |
|---|---|---|---|
| ⊘ | 魔法圈 | ☾ | 月亮 |
| ☼ | 太陽 | | 月出 |
| | 日出 | | 月落 |
| | 日落 | | 彎月 |
| | 春天 | ○ | 滿月 |
| | 夏天 | | 彎月 |
| | 秋天 | ● | 新月 |
| | 冬天 | | |

# 盧恩文魔法

盧恩文是一種符文，當我們描寫、繪畫、勾勒、雕刻或觀想這些符文時，它們會釋放出特定的能量。因為這個原故，盧恩文魔法很容易應用，而且現在正在復甦之中。

古時候，盧恩文被刻劃在白樺樹皮、骨頭或木頭上。符文被刻在武器上，用來確保準確的射擊，雕在茶杯和酒杯上，以防止中毒，並且畫在物品上和家裡，來祈求獲得保護。

但是，這些符號太容易造成混淆。有些人以為，盧恩文本身具有隱藏的力量，許多人對五芒星形和其他魔法符號也有相同的看法。這些人的想法是，魔法師只要畫出一個盧恩符文，他就會釋放出超自然的力量。

但事實並非如此，**盧恩文是魔法工具，它們的力量存在於使用者的內在**。如果我的鄰居剛好在餐巾上隨手畫出一個代表療癒的盧恩文，之後又用這條餐巾去擦他的額頭，並不會有療癒能量轉移到他身上，因為他沒有將任何意念放入那個盧恩文裡。

**盧恩文必須與力量一起使用，才能產生魔法效果。**用刻的、用畫的、用描的，再加上觀想和個人能量。

使用盧恩文的方法只限於運用想像力。舉例來說，如果有個朋友要我加速他從病中痊癒，我也許會在一張紙上畫一個代表療癒的盧恩文，然後坐在那張紙前面。

在專注於那個盧恩文時，我一邊觀想我朋友處在痊癒、健康的狀態裡。在增進個人力量之後，我會用那個盧恩文的形狀，把能量傳送給他。我會看到它纏住他的身體，打通瘀塞之處，緩和他的病痛，然後治癒他。

或者，我可以把那個盧恩文刻在一片雪松木板上，再觀想完美的健康狀態，然後給他隨身佩戴。

我們也可以把盧恩文融入食物裡，吃下去後就會把那個特定的能量帶到身體裡；用精油把符文畫在需要的人身上，然後觀想；刻在蠟燭上，燃燒後便會釋放出能量；進入水池或浴缸前，在水面畫出符文或觀想出來。

把盧恩文畫在紙上時，每個符文都有代表它的特定顏色，你可以從下列的敘述中找到，而且可以拿來運用。那些顏色與相應的盧恩符文和諧作用。

以下是盧恩文的介紹：

# 盧恩文

## 好運

這是一個多用途的盧恩文，常常用來封緘信函。它也被畫在包裹上、刻在白蠟燭上，或是刻在珠寶上，以確保所有的努力都得到好運。

## 勝利

用於法律爭訟和一般的魔法上。

在各類爭訟的期間，把它刻在紅蠟燭上，或者用深紅色的墨水畫在一張紙上，然後在儀式中把它燒掉，或隨身攜帶。

## 愛

這不只用來接收和強化愛，也能把愛傳送給朋友。

可以用翡翠色或粉紅色墨水畫出來，或觀想，或刻出來。也可以用湯匙或叉子畫在烹調食物的平底鍋上，把愛的振動能量灌輸到食物裡。

## 撫慰

帶來慰藉和緩解疼痛，以及為別人傳送或誘發快樂和撫慰。如果你感到
沮喪或焦慮，就站到一面鏡子前，注視自己的眼睛，然後觀想這個符文正把
你的身體包圍起來。或者，把它刻在一支粉紅色的蠟燭上，然後點燃。

 ## 財富

如果你有名片，把它畫在你的名片上，或觀想它在你的口袋、皮夾或
皮包裡。在把錢花出去之前，用吸引錢財的精油畫在紙鈔上（如廣藿香或肉
桂），以確保它最後會回到你身邊。

 ## 擁有

代表有形的東西、取得一件所需之物的符號。舉例來說，如果你的房子
需要家具，這個符文可以透過魔的運作，來代表所有需要的東西。

## 旅行

當你想要或需要旅行時，把這個符文用黃色墨水畫在紙上，觀想你自
己正遊歷到想去的目的地。用這張紙把一根羽毛捲起來，然後從懸崖上丟下
去，或是寄到你想去的地方。或者，把符文刻在黃色的蠟燭上，再把蠟燭用
燭臺放到一張你想去的地點的照片上，然後點燃蠟燭。

**生育**

如果你想生孩子，用精油畫或觀想它在與性事有關的部位。也可以用來誘發心靈上豐富的創造力，以及用於大部分生長類型的符咒。

**身體健康**

用來促進或增強健康。在運動、吃東西和深呼吸時觀想它。

**療癒**

可幫助疾病的痊癒。用藍色墨水直接畫在處方籤上，在服藥前用觀想的方式，把它畫在藥包或藥草上。這個符文可以做成幸運符，佩戴在身上。

**秩序**

要維持井然有序的生活，或清晰暢通的思路，把這個符文畫在額頭上。

 **保護**

把這個複雜的記號畫在家裡、你的車子、或任何你想守護的東西上。把

它縫或繡在衣服或長袍上，它會提供個人保護。也可以做成護身符，隨身佩戴或攜帶。在危險的時刻，如果你沒有辦法取得這樣的護身符，就強力地觀想這個符文。

 **保護**

與前述類似的另一個保護符號。

 **男人**

用來代表施咒的對象，可與其他盧恩文結合使用。舉例來說，假如我一覺醒來，發現自己無法集中注意力，我可以用黃色墨水和力量把這個符文畫在紙上，代表我自己。然後我會把代表秩序的盧恩文，直接畫在這個人形盧恩文的上頭，同時觀想自己達到了有秩序的狀態。

 **女人**

另一個代表施咒對象的符號，在施咒時與其他盧恩文結合使用。

 **友誼**

代表男人和女人的盧恩文，可以因為各種目的而畫在一起；實驗。

# 盧恩文符咒

## 財富符咒

用丁香或肉桂精油，把財富盧恩文畫在你所持有的面額最大的鈔票上，然後放到你的皮夾或錢包裡，試著不要花掉，維持愈久愈好。每一次你看到這張鈔票時，便觀想金錢盧恩文來強加它的力量，這樣會幫你招財。

## 愛情符咒

在鳶尾根或一塊蘋果木上，刻出代表愛的盧恩文。當你這麼做時，觀想希望遇到的那類型人。把這個符文隨身攜帶三天，晚上時放到你的床上，在第三天的晚上，把鳶尾根或木塊拋丟到河裡、溪裡、湖裡、泉水中或海裡。

## 用盧恩文祈求

拿一張乾淨的白紙，在祭壇上，位於紙的正中央畫出符合你需求的盧恩文。如果你喜歡的話，加上一撮象徵欲望的藥草，或是在紙上塗抹適當的魔法精油。接著，把紙摺起來，緊緊握在手中，並且觀想你的需求，然後拿去用火燒掉。或是點燃一支紅蠟燭，把紙的邊緣放進火焰裡，然後把它丟到煮鍋或其他防燙的容器裡燃燒。如果紙沒有完全燒盡，改天再重新點燃它，並且再次施咒。

## 摧毀負面或有害的情況

用黑色墨水在紙上畫一個代表負面的盧恩文（紊亂的思緒、戰爭、毒

物……請見下頁）。凝視著它，觀想那個有害的影響、習慣或情況。然後，拿一瓶白色墨水或顏料，猛然間把這個盧恩文弄髒，徹底毀掉它。

趁著墨水或顏料變乾時，觀想好運、秩序或撫慰的盧恩文出現在紙上，並且去除了所有關於麻煩的想法。

## 用盧恩文問卜

如之前提過的，可以用盧恩文一窺可能的未來事件或未知的情況。

最古老的方法也許是，把下列十二個盧恩文分別標記在扁平的木棍或小樹枝上（當然，是用 198 頁「藥草魔法書」裡的方式來收集）。握住這些標記著盧恩文的木棍，清晰地觀想問題或狀況，然後把木棍扔到地上。

閱讀字面朝上的盧恩文，或是閉上眼睛，隨機挑出一根木棍。依據前面的資訊去解讀，然後從地上那堆木棍裡再隨機挑出兩根，讀上頭的盧恩文。

要不然，也可以到河床上、海邊，或是石頭專賣店裡，收集十二顆有平面的石頭，只要在石頭的其中一面畫上或刻上盧恩文。觀想你的問題，然後把石頭扔到地上，只挑字面朝上的石頭，從右至左依序解讀符文。

舉例來說，「男人」的旁邊有財富符文，可能表示有一位男士會為你帶來錢財，或者你的金錢問題是源自於一位男性的影響。盧恩文的解讀，十分倚重於你自己的直覺和心靈力量，以及你身邊的情況。

盧恩文石頭似乎有些固定的限制，大部分對未來的解讀，有效期間只有兩週。記住，就跟所有的占卜一樣，盧恩文只顯示未來的趨勢。如果它們為你揭露的前景是無趣或危險的，就改變你的路線，以避免這樣的結果。

你愈常使用盧恩文石頭，你就會對它們覺得愈舒服。不使用時，把它們收在一小籃子、盒子或布袋裡。

常用於占卜的盧恩文總共有十二個，你也可以設計屬於你自己的符文來使用。

家：家庭關係、基礎和安定。自我形象。

 擁有：可觸知的物體、物質世界。

 愛：感情狀態、浪漫韻事、與配偶相處困難或配偶對你的影響。

 藥物：流言、誹謗、負面、有害的習慣、有害的態度。

 財富：金錢、財務問題、工作狀態、雇主。

 紊亂的思緒：情緒緊張、不理性、困惑、懷疑。

 女人：來自一位女性的影響，或一位女性。

 男人：來自一位男性的影響，或一位男性。

 禮物：遺產、升遷、意外的收穫；也可以是實質的禮物，心靈和精神上的禮物，犧牲，自願，供獻自己。

 撫慰：放鬆、愉快、安全感、快樂、高興，變得更好。

 死亡：事情的結束、全新的開始、創始或入門、在各方面都有所改變，淨化。

 戰爭：衝突、爭吵、爭執、敵意、侵略、憤怒、對抗。

# 咒語與魔法

# 請求保護的頌詞

在吟誦時，觀想有一個紫色的三重光環圍繞著你：

我受到祢神力的保護，無論日夜，
噢，仁慈的女神。

同一形式的另一首，觀想一個三重光環並且吟誦：

受到三重光環的束縛，
惡魔沉入地底下。

# 保護居家的鏡子符咒

設立祭壇，把香爐放在女神神像前的中央位置，也要準備一面直徑大約十二吋（約三十公分）的圓形鏡子。用九支白蠟燭圍住祭壇，在香爐裡點燃保護性的焚香（如檀香、乳香、柯巴脂或迷迭香）。

從最接近女神神像的蠟燭開始點燃，一邊唸誦以下或類似的咒語：

請月光保護我！

點燃每一支蠟燭時就重複一遍，直到統統點燃。現在，拿起鏡子，召請月亮女神，口中唸著以下或類似的咒語：

偉大的月亮女神和海的主人，

> 偉大的神秘之夜
>
> 以及奧秘的女神，
>
> 在被蠟燭照亮的空間裡
>
> 和祢的鏡子所在之處，
>
> 當邪惡的振動能量升起時，
>
> 用祢無比的神力保護我！

　　站在祭壇前拿起鏡子，鏡面朝向蠟燭，使鏡子反射出燭光。保持這個姿勢，以順時鐘方向繞著祭壇慢慢移動，看著反射出來的燭光在你四周跳躍。

　　漸漸增加你的速度，在腦海裡召請女神來保護你。將速度移動得愈來愈快，看著燭光晃動，它在淨化空氣，循著往你家過去的所有路線，燒光所有負面的事物和邪惡能量。

　　用女神的保護之光為你家加持。繞著蠟燭跑，直到你感覺出氣氛改變了，直到你感覺到你的家已得到淨化和偉大女神的守護。

　　結束時，再度站到神像之前，用任何想說的話感謝女神。再一支接一支地熄滅蠟燭，用白線把它們束在一起，然後存放在安全的地方，直到（如果）你需要為了相同的目的而再次使用它們。


# 破除符咒魔力的魔法

　　如果你相信自己被施咒了，就在大釜（或一只大黑碗）裡放一支大的黑蠟燭，蠟燭必須比鍋子邊緣還要高出幾吋。把蠟燭用熱的蜜蠟或另一支黑蠟燭的幾滴蠟油固定在鍋底，它才不會傾倒。

　　在煮鍋內注入乾淨的水，一直滿到鍋緣為止，不要弄溼燭芯，此時蠟燭應高出水面幾吋。

深呼吸，沉思，使思緒清晰，然後點燃蠟燭，觀想施在你身上的符咒魔力懸在蠟燭的火焰中。

靜靜地坐著，冥想蠟燭，並且觀想魔力隨著蠟燭的火焰而湧出、成長（是的，那個對抗你的力量）。

當蠟燭燒盡時，它的火焰會碰到水，發出劈啪聲。當火焰被水熄滅時，符咒就解開了。

由此打破你對那個符咒魔力的觀想，看著它爆炸成灰燼，再也沒有任何力量。

最後，把水倒入地面的洞裡、湖裡或溪裡，然後把蠟燭埋起來。這樣就結束了。


# 繩子魔法

挑一根顏色適當的細繩，放在祭壇上，弄成你所需要的盧恩文或你所需之物的形狀：車子、房子、支票。當你這麼做時，也要觀想你需要的東西；喚起力量，並且要它助你的願望成真，事情便會如你所願。


# 保護物品（來自摩根娜）

用食指和中指，在你想保護的物品上畫一個五芒星。觀想電藍色或紫色的火焰從指尖流出來，形成一個五芒星。一邊畫時，一邊唸誦：

我佈下五芒星，
日日夜夜來保護。

不該的人若觸碰到，
他的手指會灼熱和痙攣。
現在我祈求三大定律的保護：
這是我的意志，請實現我渺小的願望！

# 附錄

# 詞彙表

我在此附上詞彙表，為本書中某些較晦澀的用語，提供查找定義的便捷路徑。

當然，這些都是我個人給的定義，跟我的威卡背景有關。不過，在某些小地方也許威卡教徒並不認同，這一點其實是在我意料中，因為威卡教在結構上是充滿個人主義色彩的。不過，我盡量以一般性的口吻來敘述，不帶派別傾向。

出現於各說明段落中以斜體字標示的詞彙，亦是條列於本詞彙表中的另一個詞彙。

### 阿卡夏（Akasha）：
第五元素，遍及於宇宙中無所不在的精神力量，是四大元素的能量來源。

### 護身符（Amulet）：
受到*加持 (P239)* 的東西，目的在使某種特殊（通常是負面）的能量偏離它的目標。一般說來，是一種保護性的東西。參見*幸運符 (P249)*。

### 灑淨器（Asperger）：
在進行*儀式 (P247)* 時，用來灑聖水的一束新鮮藥草或一個有孔物件，以達到淨化的目的。

### 儀式刀（Athame）：
威卡儀式刀，通常是黑柄、具有雙面刃的刀。儀式刀用於儀式工作中導引*個人力量 (P245)*。它很少（如果有的話）用來真正的切割東西。這一詞的起源不明，現在在威卡教中有許多不同的拼法，而且在發音上有著顯著的差異。美國東岸的威卡教徒也許會唸成「Ah-THAM-ee」（和「whammy」〔詛咒〕押韻），剛開始人家教我唸成「ATH-ah-may」，後來又改為「ah-THAW-

may」。因此，這個東西現在有太多我不清楚的用途，所以我決定在《巨石陣影子之書》裡以「巫刃」（magic knife）的稱呼，來取代儀式刀。這兩個詞不管使用哪一個都可以，或者就叫做「刀子」。

### 烽火（Balefire）：

為了魔法的目的而點燃的火，通常在戶外。點烽火是冬至 *(P251)*、朔火節（立夏 *P238*）和夏至 *(P244)* 的傳統。

### 災禍（Bane）：

摧毀生命的東西，有害、具毀滅性、邪惡、危險。

### 朔火節／立夏（Beltane）：

威卡教的節日，在四月三十日或五月一日（依據各個傳統而有所不同）。朔火節（立夏）也叫做五月前夕、五朔節、瓦普吉斯之夜（巫婆節）、瑟斯薩溫節。朔火節是為了慶祝男神與女神象徵性的結合、交配或結婚，在此節日之後，就要迎接即將到來的夏季。

### 掃帚（Besom）：

掃把（具潔淨的作用）。

### 匕首（Bolline）：

有白色柄的刀，在魔法和威卡儀式中用來實際切割藥草或刺穿石榴樹。參見*儀式刀 (P237)*。

### 影子之書（Book of Shadows）：

記載儀式、咒語和魔法知識的威卡教書籍。在入會儀式 *(P242)* 中以手抄的方

式傳承，現在的某些*巫師集會 (P240)* 中，《影子之書》已改用影印或打字的。事實上，並沒有任何「真正的」《影子之書》存在，所有的這些書只對各自的使用者有意義。

**香爐（Censer）：**

一種耐熱的容器，用來悶燒焚香；薰香爐；象徵風元素。

**加持（Charge, To）：**

是指將*個人力量*加諸於某物之上。「加持」是一種*魔法 (P243)* 行為。

**具魔法的圓圈（Circle, Magic）：**

參見*魔法圈 (P243)*。

**巨石圈（Circle of Stones，另稱「石頭圈」）：**

參見*魔法圈 (P243)*。

**意識心智（Conscious Mind）：**

意識中具有分析性、根據事實、具理性的那一半。也就是當我們計算稅金、建構理論或絞盡腦汁時所運用的智力。參見*通靈心智 (P246)*。

**草人（Corn Dolly）：**

一種玩偶，通常是人形，由乾麥草或其他穀物編製而成。在早期的歐洲農業儀式中，它代表著大地和女神的繁殖力，至今仍沿用於威卡教中。草人並不以玉米的穗軸和外皮製作，英文中的 corn 原本指的是除了玉米之外的任何穀物，在現今的大多數英語國家仍是如此，除了美國。

**巫師集會（Coven）：**

威卡教徒的集會，通常包含入會儀式，當中有一、兩位領導者。

**巫術（Craft, The）：**

*威卡 (P250)、威卡巫術 (P251)；民俗魔法。*

**力量日（Days of Power, The）：**

*參見年輪慶典 (P247)。*

**順繞圈（Deosil）：**

順時針方向，肉眼所見太陽在天空中的移動方向。在北半球的魔法和宗教裡，順繞圈的移動象徵著生命、正能量，也就是「善」。常用於施符和儀式中，換言之，要「以順時針方向繞著石圈走」。

有位於赤道以南的威卡教團體（大多在澳洲），在進行儀式時已將順繞圈改為逆繞圈，這是因為在當地所看到的太陽「移動」方向是逆時針方向。參見*逆繞圈 (P250)。*

**占卜（Divination）：**

透過雲、塔羅牌、火焰、煙霧等工具，來解讀隨機的圖案或符號，以發現未知事件的魔法技藝。占卜透過儀式和觀察、或是透過操作工具，而使意識心智變得薄弱、迷糊，藉此來連繫通靈心智。對於能夠輕易與通靈心智溝通的人來說，占卜不是必要的，儘管他們仍可能進行占卜。

**神聖力量（Divine Power）：**

存在於男神、女神身上的隱晦、純粹的能量。生命的支配力，萬物的最終源頭。參見*大地力量 (P241)、個人力量 (P245)。*

## 大地力量（Earth Power）：

存在於石頭、藥草、火焰、風及其他自然物體中的能量。它是外顯的*神聖力量*，在施行*魔法*時，可以用來創造所需的變化。參見*個人力量 (P245)*。

## 四大元素（Elements, The）：

土、風、火和水，此四者為宇宙的構材。存在的（或者有可能存在的）一切事物，都含有一個以上的這些能量。在我們體內不停運作的元素，同時也在世界上「逍遙」。它們可以透過魔法來引發變化。此四大元素源自原始要素或力量——*阿卡夏 (P243)*。

## 滿月慶典（Esbat）：

按月亮運行而訂的威卡節日，通常慶祝於滿月之時。

## 召喚（Evocation）：

召喚靈魂或其他非物質的東西降臨，有可能是可見的，也有可能是不可見的。參見*召請 (P242)*。

## 魔法書（Grimoire）：

包含儀式資訊、配方、以自然物件做為魔法道具、及儀式用品之準備等等的魔法規範書。許多的這些作品中包含了「幽靈目錄」。在古魔法書之中最著名的也許是《所羅門之鑰》，大約首次出現於十六和十七世紀，儘管那些書也許更古老得多，而且含有極少量的羅馬、希臘、巴比倫、後埃及時期和蘇美儀式。

## 結手禮（Handfasting）：

威卡教、非基督教或吉普賽婚禮。

### 火炬節／立春（Imbolc）：

威卡教節日，慶祝於二月二日，它另有諸多名稱，像是聖燭節（Candlemas）、牧神節（Lupercalia）、潘神節（Feast of Pan）、盈月節（Waxing Light）、孕母節（Oimelc）、聖布里吉德節（Brigit's Day）等等。火炬節（立春）慶祝春天的第一縷氣息，以及女神在冬至時生下太陽（神）後的復原。

### 入會儀式（Initiation）：

一個人在被引入或被接受於某個團體或宗教、或是開始學習某種興趣或技藝時，所進行的程序。入會儀式可能是一項儀式盛典，也可能是在自然的情況下發生。

### 召請（Invocation）：

向較高權力者提出請求或祈求，如男神和女神。召請事實上是一種與存在於我們自身的一些神祇在意識上建立聯繫的方法。那麼，從本質上看來，是我們令祂們降臨，或經由察覺到祂們，而使祂們也為其他人所知。

### 卡胡那（Kahuna）：

夏威夷的古代哲學、科學和魔法系統的從事者。

### 雙面斧（Labrys）：

在古克里特（島）象徵女神的雙頭斧，對現今的威卡教徒來說仍有相同的意義。雙頭斧可放置在祭壇上或靠在祭壇的左側。

### 豐收節／立秋（Lughnasadh）：

威卡教於八月一日舉行的慶典，又叫做八月前夕（August Eve）、秋收節（Lammas）、麵包節（Feast of Bread）。豐收節（立秋）代表著一年裡的初

次收成，此時大地上的果實都已採收並儲存起來，以應付陰冷的冬季，而隨著白天愈來愈短，神祇也詭秘地衰弱。

## 秋分（Mabon）：

大約在九月二十一日前後，是秋季的晝夜平分點，威卡教慶祝第二次收成；大自然已準備好進入冬天。秋分是古代豐收慶典的餘韻，僅管形式不一，但一度幾乎普遍存在於人類族群中。

## 魔法（Magic）：

創造所需變化的自然能量（如*個人力量*）的變動。能量存在於萬物之中——我們本身、植物、石頭、顏色、聲音、運動。魔法是喚醒或增強這個能量的步驟，賦予它一個目的，然後釋放它。魔法是自然、而非超自然的操作，僅管沒多少人能了解到這一點。

## 魔法圈（Magic Circle, The）：

由*個人力量 (P245)* 建構而成的一個範圍，威卡儀式通常在此範圍裡舉行。這一詞指的是能夠穿透地面的圓圈，因為它能從自己開始向上和向下延伸。它透過*觀想 (P249)* 和*魔法 (P243)* 而被創造。

## 巫刃（Magic Knife）：

參見*儀式刀 (P237)*。

## 冥想（Mediation）：

反省、沉思、向內探索自我或向外探索*神祇*或自然。在這樣寧靜的時刻裡，冥想者的思緒會專注於特定的想法或事件的意義上，要不然就是允許它們不請自來。

### 巨石（Megalith）：

巨型石頭遺址或結構。英格蘭威爾特郡的「巨石陣」，也許是最著名的巨石建造物。

### 巨石柱（Menhir）：

古代人類或許基於宗教、心靈或魔法的原因，而立起來的巨型石柱。

### 夏至（Midsummer）：

通常在六月二十一日或那天前後，是威卡教的節日之一，也是施行魔法的絕佳夜晚。

夏至代表著一年裡太陽（當然，還有神祇）象徵性地來到力量高點的那一天，是一年裡白晝最長的一天。

### 強大的神靈（Mighty One, The）：

在威卡儀式 (P247) 中常被召喚來做見證或守護儀式的靈魂、神明或神靈等。

力量至高者被認為是心靈上進化的靈魂（曾經是人類），或是由神祇創造或掌管、用來保護大地和看護四方的精神實體，祂們有時與元素有所連結。

### 新異教徒（Neo-Pagan）：

從字面上來說就是「新的異教徒」。現今散布在世界各地、新形成的非基督教的成員，或跟隨者、支持者。所有的威卡教徒都是異教徒，但並非所有的異教徒都是威卡教徒。

### 古老神祇（Old Ones, The）：

這是常用來含括所有類別神祇的威卡教詞彙，我在《巨石陣影子之書》的文章裡有用過。有部分威卡教徒將它視為至高者的替換詞。

### 春分（Ostara）：

春季的晝夜平分點，大約在三月二十一日左右。春分代表著在天文學上真正春天的開始，此時冰雪消融，綠芽新生。

就意義上來說，它是一個與火和繁殖力有關的節日，慶祝太陽、男神和富饒的大地（女神）的回歸。

### 異教徒（Pagan）：

英文 pagan 源自拉丁文 *paganus*，鄉村居民。今日用來泛指威卡教及其他魔法教、巫教和多神教的徒眾。很自然地，基督教徒對這一詞自有獨到的定義。此詞彙可與*新異教徒 (P244)* 相互替換。

### 擺錘（Pendulum）：

包含由一條線接連著一個重物（如水晶、植物根或搖鈴）的占卜裝置。占卜者用手握住線的另一端，手肘平穩地支撐在一個平面上，然後向問卜者發問。答案視重物的擺盪狀況而定，旋轉代表「是」或肯定，來回擺動代表否定（解讀擺錘運動的方式有很多種，使用對你最有效的那一種）。它是聯繫*通靈心智 (P246)* 的工具。

### 五芒星（Pentacle）：

一種儀式物品（通常是環形木頭、金屬、黏土等物），上頭有用畫的或雕刻而成的五角星圖案。它代表土元素。

另外，「五角星」和「五芒星」這兩個詞是不可相互替換的，儘管它們很容易造成混淆。

### 個人力量（Personal Power）：

支援我們身體的能量。

溯本追源，這種能量源自於神祇（或是祂們背後的力量）。我們先從母親的子宮裡吸收到它，之後從食物、水、月亮和太陽及其他的自然物體吸收，而在壓力、運動、交配、懷孕和分娩期間釋放出個人力量。魔法往往是為了特定目的而釋放的個人力量。

### 兩極（Polarity）：

同等而又相反能量的概念。東方的「陰／陽」是很好的例子，陰是冷，陽是熱。其他例子還有：女神／男神；夜晚／白晝；月亮／太陽；出生／死亡；黑暗／明亮；*通靈心智 (P246)*／*意識心智 (P239)*。也是宇宙的平衡概念。

### 投射手（Projective Hand, The）：

正常用來寫字、削蘋果和撥打電話等體力活動的那隻手，在象徵意義上被認為是*個人力量 (P245)* 從身體投射出去的點。在儀式中，個人力量被想像為，為了各種魔法目的而自手指流出的能量。

這也是握著*巫刃 (P243)* 和魔杖等工具的手。左右手都很靈巧的人，可自行選擇用哪一隻手來達到目的。參見接受手。

### 通靈心智（Psychic Mind）：

潛意識或無意識的心智，我們在其中接受超自然的刺激。通靈心智在睡覺、做夢和沉思時運作，它是我們與神祇、也是與我們周遭一個較大非物質世界的直接聯繫。其他相關詞：「*占卜 (P240)*」是利用意識心智來聯繫通靈心智的一種儀式。「感應」是用來描述意外接觸到意識心智的心靈資訊的術語。

### 通靈（Psychism）：

有意識地進入心靈狀態，在這個狀態中，通靈心智和意識心智連結在一起並且和諧地運作。*儀式意識 (P247)* 是通靈的一種形式。

**接受手（Receptive Hand）：**

右撇子的左手，若是左撇子，就反過來。這是接受能量進入身體的手。參見
*投射手 (P246)*。

**輪迴轉世（Reincarnation）：**

重生的學說。以人類形式重製化身的過程，以達成不朽靈魂的無性演進。

**儀式（Ritual）：**

指特殊形式的活動、操作或運用物件，或用來製造希望效果的內在程序。在
宗教上，其目的在與神明結合。在*魔法 (P243)* 上，儀式會製造出特定的意識
狀態，讓魔法師將能量輸入到有需要的標的裡。*施咒 (P249)* 是一種魔法儀式。

**儀式意識（Ritual Consciousness）：**

成功施展魔法所必須的特定意識狀態。魔法師利用*觀想 (P249)* 和*儀式 (P247)*
來達成儀式意識，在這個狀態裡，*意識心智 (P239)* 和*通靈心智 (P246)* 獲得調
和，魔法師從其中感應到能量，並賦予能量一種效果，然後向魔法標的釋放
能量。它是一種感應力的增強，看似非物質世界的察覺力的擴張，以及與自
然和所有神祇概念背後的力量的連結。

**符文（Runes）：**

似棍棒的線條構成的圖案，有些是古條頓字母的殘存，有些是象形文字。這
些符號在*魔法 (P243)* 和*占卜 (P240)* 中曾再度被廣泛使用。

**年輪慶典（Sabbat）：**

按太陽運行而訂的威卡教節日。參見朔火節（立夏）、火炬節（立春）、豐
收節（立秋）、秋分、夏至、春分、萬聖節和冬至的具體說明。

## 薩溫節／立冬（Samhain）：

威卡教於十月三十一日慶祝的節日，又叫做萬聖夜（November Eve）、諸聖節（Hallowmas）、萬聖節（Holloween）、顯靈宴（Feast of Souls）、亡靈宴（Feast of the Dead）、蘋果宴（Feast of Apples）。

薩溫節（立冬）代表著太陽神的象徵性死亡並且進入「青春之地」，然後在那裡等待母神在冬至時的重生。這個凱爾特字在威卡教的發音是：SOW-wen、SEW wen、SAHM-hain、SAHM-ain、SAV-een 等等。第一種發音似乎是最多威卡教徒使用的。

## 顯像占卜（Scry, To）：

凝視著一個物體（結晶體表面、水池、能映像的鏡面、燭火）以止住意識心智，然後與通靈心智產生聯繫。這會讓占卜者透過正常感應之外的能力，在事情實際發生前預先得知，或察覺從前的、遙遠的、即時的事件。占卜 (P240) 的一種形式。

## 薩滿巫師（Shaman）：

獲得（通常是透過另類意識狀態期間）地球較神秘層面知識的人。薩滿巫師透過各式各樣的儀式 (P247)，突破物質世界的帷幕，以體驗能量的領域。這種知識給予薩滿巫師以魔法改變其世界的力量。

## 薩滿主義（Shamanism）：

薩滿巫師所從事的事情，在本質上通常是儀式性或魔法性的，有時是宗教性的，而且是以崇拜自然為主。

## 薄宴（Simple Fest, The）：

與神祇分享的儀式餐。

**施咒（Spell）：**
一種魔法儀式，在本質上通常是非宗教性的，並且往往伴隨口說文字。

**石之神靈（Spirits of the Stones, The）：**
*魔法圈 (P243)* 的四個方位所固有的元素能量，在巨石陣傳說中被擬人化為
「石之神靈」，與元素有相關性。

**幸運符（Talisman）：**
一種物體，如紫水晶，在儀式上具備為持有者吸引特定威力或能量的力量。
參見*護身符 (P237)*。

**威卡教傳承會（Tradition, Wiccan）：**
一個特定的、有組織的、有結構的威卡教次團體，往往會用奇特的儀式幫新
人入會。
許多傳承會有他們自己的影子之書，而且也許會、也許不會認出其他的威卡
教傳承會。大部分的傳承會包含了巫師集會和自修者。

**三石堆（Trilithon）：**
石頭拱門，由兩個直立的石塊和一個橫躺於頂端的石塊所組成。這是英格蘭
斯伯里平原上史前巨石群中、也是《巨石陣影子之書》觀想圈裡的特色。

**觀想（Visualization）：**
形成心理影像的過程。魔法觀想包含了在儀式中形成所需標的影像。觀想也
用於為了各種目的而使用*魔法 (P243)* 時，導引*個人力量 (P245)* 和自然能量，
包括施法和形成*魔法圈 (P243)*。

## 白柄刀（White-Handled Knife）：

一般的切割刀，有一面利刃和白色的握柄。在威卡教內用來切藥草和水果，和在薄宴時切麵包用，也有其他用途，但從不用於祭獻。有時叫做匕首。參見*儀式刀 (P247)*。

## 威卡（Wicca）：

當代的非基督教，對薩滿主義有堅定的精神信念，也是對自然表現出敬畏的最早一群人。中心思想有：敬畏神祇、輪迴轉世、魔法、滿月儀典、從事天文與農業、橢圓體神殿、藉*個人力量 (P245)* 而創造……於是產生各種儀式。

## 逆繞圈（Widdershins）：

逆時針方向移動，通常用於北半球的負面魔法目的，或是驅除負面能量或疾病等情況。南半球的威卡教徒做逆繞圈移動，可能是為了完全相反的目的（*順繞圈 (P240)* 詞條中所列的理由），也就是正面結果。不管是順繞圈或逆繞圈，這兩種移動都是象徵性的，只有嚴格、思想封閉的傳承會才相信，倘若不小心繞著祭壇倒退走，會招致負面後果。繞圈移動用於威卡教，起源於古代歐洲由崇敬太陽和月亮並觀察它們日常運行的人所執行的儀式。逆繞圈移動由於有儀式的背景，仍為大多數的威卡教徒所迴避，儘管其他人偶爾會採用，例如，在儀式結束時解散*魔法圈 (P243)*。

## 巫師（Witch）：

古時候及基督教存在前的歐洲民俗魔法執行者，特別與藥草、治療、水井、河川和石頭有關。是*巫術 (P251)* 的執行者。後來，這一詞的意義被蓄意扭曲成表示發狂、危險、超自然的人或東西，他們會施展破壞性魔法，並且威脅到基督教。這種轉變在有組織的宗教裡，造成了政治、財產和性別方面的一些變革，但並未影響到巫師所從事的工作。這個後來產生但不正確的意義，

仍被許多非巫術執行者所接受。有些威卡教徒用這一詞來形容他們自己，這一點是頗令人驚訝的。

## 巫術（Witchcraft）：

*巫師 (P250)* 之術，尤其是運用個人力量、在石頭、藥草、顏色和其他自然物件裡結合能量的魔法。雖然這或許有一些心靈上的意涵，但巫術在此所使用的定義並非是宗教性的。不過，有些威卡教的跟隨者會用這一詞來表明他們的宗教。

## 冬至（Yule）：

在十二月二十一日左右慶祝的威卡教節日，代表大地女神生下了太陽神，是困頓的冬季裡值得歡樂和慶祝的時刻。

*Mystery* **49**

*Mystery* **49**